国际工业工程
与升级管理

郭思羽　刘亮 ◎ 著

华中科技大学出版社
http://press.hust.edu.cn
中国·武汉

图书在版编目(CIP)数据

国际工业工程与升级管理/郭思羽,刘亮著. —武汉:华中科技大学出版社,2023.1
ISBN 978-7-5680-9102-2

Ⅰ.①国… Ⅱ.①郭… ②刘… Ⅲ.①工业工程-研究 Ⅳ.①F402

中国国家版本馆 CIP 数据核字(2023)第 008325 号

国际工业工程与升级管理 郭思羽 刘 亮 著
Guoji Gongye Gongcheng yu Shengji Guanli

策划编辑:江　畅
责任编辑:狄宝珠
封面设计:孢　子
责任监印:徐　露

出版发行:华中科技大学出版社(中国·武汉)　　电话:(027)81321913
　　　　　武汉市东湖新技术开发区华工科技园　　　邮编:430223
录　　排:武汉创易图文工作室
印　　刷:武汉邮科印务有限公司
开　　本:710 mm×1000 mm　1/16
印　　张:12
字　　数:220 千字
版　　次:2023 年 1 月第 1 版第 1 次印刷
定　　价:39.00 元

本书若有印装质量问题,请向出版社营销中心调换
全国免费服务热线:400-6679-118　竭诚为您服务
版权所有　侵权必究

前言

　　工业工程(Industrial Engineering,简称 IE)是一门应用性工程专业技术,德鲁克指出它就是科学管理。工业工程强调综合运用数学、物理学等自然科学和社会科学的知识、理论与方法,以及工程设计、分析和管理的方法和技术,通过科学的预测、规划、实验、设计、实施、评价、改善和创新,实现人员、物料、设备、能源和信息等资源的有效利用,以达到提高效率、效益,降低成本,保证质量并及时生产的目的。伴随着社会的不断进步和科学技术的快速发展,工业工程的内容不断地充实和深化,理论和方法也不断地创新。虽然工业工程起始于制造业,但其应用目前已拓展到各行各业,如医疗、教育、物流等服务业,以及政府机关和非营利型组织等。

　　工业工程的发展迄今已有一个多世纪的漫长历史过程。但人们必须要弄明白一点的是,它的发源地并非在亚洲,而是在世界上有着强大工业和先进科学技术的欧洲国家。这些先进科技工业国家创建了人类工业上的变革,使工业在生产上产生重大飞跃,促使工业发生了所谓初始的"工业 1.0"机器制造乃至如今"工业 4.0"的智能制造与智能工厂的现代管理模式,进一步提升了工业生产对经济效率的促进,而工业工程应用的全过程始终是跟随着工业生产发展的需求,而不断地创新出新的应用方法与手段,适应和投入到企业实际的生产制造的领域中,以真正达到提高生产效率,而降低成本的宗旨。

　　本人在法国长期从事工业工程相关领域研究学习,通过吸收国际工业工程的发展历程、现状,借鉴工业工程在发达国家发展历程中所起的作用,从经典 IE、国际 IE、实例 IE 三个方面系统地总结、阐述工业工程与升级管理的经典理论、基本方法和相关国际案例。

本书首先阐述了"工业工程概述",对工业工程概念和内容、形成和发展阶段,以及应用进行了说明。之后提出"工业工程方法论",从思维方式、方法论体系、分析技术、原则等方面论述了工业工程的基本方法原理。又在"工作研究"中阐述了方法研究、作业测定、现场改善等基础知识。前三章属于工业工程的基本知识,可以使初学者了解工业工程的基本内涵、研究方法,掌握分析的基本程序。第四章介绍了"国际工业工程管理方法",主要从全球化、工业工程管理升级、整体战略诊断与升级,以及升级计划、执行与监控等进行阐述,系统地介绍了工业升级方法。第五章分享了"国际工业工程管理经验",给读者以借鉴。本书以工业工程的理论、方法及应用为主线,强调内容的先进性和体系结构的系统性,既讲述工业工程的基本原理和基本方法,又注意理论与实际的结合;既反映工业工程的现状,也注重其新的发展。在系统阐述工业工程基本理论与方法的同时,对国际工业工程的管理新理念与实例进行阐述,语言叙述力求深入浅出,内容编排循序渐进,以便于读者阅读。本书可作为相关大中专院校入门书籍,也可供对国际工业工程感兴趣的相关管理者阅读。

由于作者水平有限,经验不足,书中难免有不妥和遗漏之处,恳请读者批评指正。

作者
2022 年 11 月 3 日

目 录
Contents

第一章 工业工程概述 ………………………………………………… (1)
  1.1 工业工程概念和内容 ……………………………………………… (2)
    1.1.1 工业工程的概念 …………………………………………… (2)
    1.1.2 工业工程的内涵及外延 …………………………………… (3)
    1.1.3 工业工程的学科性质及范畴 ……………………………… (4)
    1.1.4 工业工程的方法技术体系 ………………………………… (5)
    1.1.5 工业工程的研究对象 ……………………………………… (8)
  1.2 工业工程的形成与发展 …………………………………………… (8)
    1.2.1 工业工程的起源和形成 …………………………………… (8)
    1.2.2 工业工程发展的四个阶段 ………………………………… (9)
  1.3 工业工程的应用 …………………………………………………… (12)
    1.3.1 工业工程在制造业中的应用 ……………………………… (12)
    1.3.2 工业工程在服务业中的应用 ……………………………… (12)
    1.3.3 工业工程在非营利组织中的应用 ………………………… (14)

第二章 工业工程方法论 ……………………………………………… (15)
  2.1 工业工程的思维方式 ……………………………………………… (16)
    2.1.1 经营思维 …………………………………………………… (16)
    2.1.2 生产思维 …………………………………………………… (16)
  2.2 工业工程方法论体系 ……………………………………………… (18)
  2.3 工业工程的共性技术 ……………………………………………… (19)
    2.3.1 工业工程标准符号 ………………………………………… (19)
    2.3.2 系统分析与系统设计 ……………………………………… (20)

2.3.3 发现问题的5W1H提问技术 ………………………… (24)
2.3.4 实现改善的ECRS原则 …………………………… (25)
2.3.5 系统图表法 ………………………………………… (27)
2.3.6 创新性技术 ………………………………………… (28)
2.4 工业工程的实施原则与程序 ……………………………… (29)

第三章 工作研究 ……………………………………………… (33)
3.1 工作研究概述 ……………………………………………… (34)
3.1.1 工作研究的内涵 …………………………………… (34)
3.1.2 工作研究的内容 …………………………………… (35)
3.1.3 工作研究的步骤 …………………………………… (35)
3.2 方法研究 …………………………………………………… (40)
3.2.1 方法研究概述 ……………………………………… (40)
3.2.2 程序分析 …………………………………………… (42)
3.2.3 作业分析 …………………………………………… (49)
3.2.4 动作分析 …………………………………………… (53)
3.3 作业测定 …………………………………………………… (57)
3.3.1 作业测定概述 ……………………………………… (57)
3.3.2 秒表时间研究 ……………………………………… (58)
3.3.3 工作抽样 …………………………………………… (59)
3.3.4 预定动作时间标准法 ……………………………… (60)
3.3.5 标准资料法 ………………………………………… (60)
3.4 现场改善 …………………………………………………… (61)
3.4.1 现场管理 …………………………………………… (61)
3.4.2 现场3M管理 ……………………………………… (71)
3.4.3 班组建设 …………………………………………… (77)

第四章 国际工业工程管理方法 ……………………………… (82)
4.1 全球化:发展中国家产业治理的挑战 …………………… (83)
4.1.1 自由化和全球化 …………………………………… (83)
4.1.2 全球化的挑战 ……………………………………… (84)
4.1.3 工业竞争力的新范例 ……………………………… (85)
4.2 工业工程管理升级 ………………………………………… (87)

  4.2.1 背景和理由 ……………………………………………… (87)
  4.2.2 升级的概念 ……………………………………………… (88)
  4.2.3 总体方案的目标 ………………………………………… (88)
  4.2.4 结构调整和升级总体方案的主要组成部分 …………… (90)
  4.2.5 联合国工业发展组织的经验 …………………………… (92)
 4.3 整体战略诊断与升级 ………………………………………… (93)
  4.3.1 诊断的基本概念 ………………………………………… (94)
  4.3.2 制定整体战略诊断的方法 ……………………………… (95)
  4.3.3 竞争力的外部来源分析 ………………………………… (96)
  4.3.4 产品市场诊断和战略定位 ……………………………… (98)
  4.3.5 财务诊断 ………………………………………………… (101)
  4.3.6 技术技能诊断 …………………………………………… (108)
  4.3.7 技能管理和质量诊断 …………………………………… (110)
 4.4 工业企业升级战略 …………………………………………… (112)
  4.4.1 全球化以及战略升级 …………………………………… (112)
  4.4.2 战略思维和升级 ………………………………………… (113)
  4.4.3 战略的制定 ……………………………………………… (114)
  4.4.4 工业企业升级策略 ……………………………………… (115)
 4.5 制订工业企业升级计划 ……………………………………… (119)
  4.5.1 制订升级计划 …………………………………………… (119)
  4.5.2 升级计划的形式要求 …………………………………… (120)
  4.5.3 升级计划的内容 ………………………………………… (120)
 4.6 升级计划的执行与监控 ……………………………………… (123)
  4.6.1 前提条件 ………………………………………………… (123)
  4.6.2 升级计划的实施 ………………………………………… (124)
  4.6.3 升级计划的跟进 ………………………………………… (125)

第五章 国际工业工程管理经验 ………………………………………… (128)
 5.1 葡萄牙工业现代化和升级计划 ……………………………… (129)
  5.1.1 PEDIP Ⅰ(1988—1993):现代化和升级方案 ………… (130)
  5.1.2 实施结构:PEDIP 实施管理办公室 …………………… (131)
  5.1.3 业务方案说明 …………………………………………… (131)

  5.1.4　PEDIP Ⅱ(1994—1999):现代化和升级方案 ………… (135)
  5.1.5　PEDIP Ⅰ和Ⅱ方案的结果 ……………………………… (139)
 5.2　突尼斯国家工业升级计划 ……………………………………… (140)
  5.2.1　升级的需求 ………………………………………………… (141)
  5.2.2　升级计划的立法和监管框架 ……………………………… (141)
  5.2.3　指导和管理机构 …………………………………………… (141)
  5.2.4　升级计划的组成部分 ……………………………………… (142)
  5.2.5　计划的业务和筹资程序 …………………………………… (143)
  5.2.6　升级计划的情况(至2001年12月底) …………………… (146)
  5.2.7　升级计划评估的初步结果 ………………………………… (147)
 5.3　阿尔及利亚的工业升级计划 …………………………………… (150)
  5.3.1　背景和理由 ………………………………………………… (150)
  5.3.2　升级计划的目标 …………………………………………… (151)
  5.3.3　用于升级的事项 …………………………………………… (154)
  5.3.4　升级程序 …………………………………………………… (156)
 5.4　摩洛哥工业升级方案 …………………………………………… (160)
  5.4.1　废除关税 …………………………………………………… (161)
  5.4.2　企业升级计划 ……………………………………………… (162)
  5.4.3　企业升级过程 ……………………………………………… (163)
  5.4.4　战略诊断和升级计划:以摩洛哥一家罐头生产公司为例
    ………………………………………………………………… (167)
 5.5　埃及工业现代化和升级方案 …………………………………… (169)
  5.5.1　明确的升级需求 …………………………………………… (169)
  5.5.2　升级方案的法律结构和机制 ……………………………… (170)
  5.5.3　工业现代化计划 …………………………………………… (171)
  5.5.4　埃及国家工业现代化计划 ………………………………… (173)
  5.5.5　提高竞争力基金的财政资源 ……………………………… (174)
  5.5.6　执行的影响 ………………………………………………… (175)

参考文献 ………………………………………………………………… (177)

第一章 工业工程概述

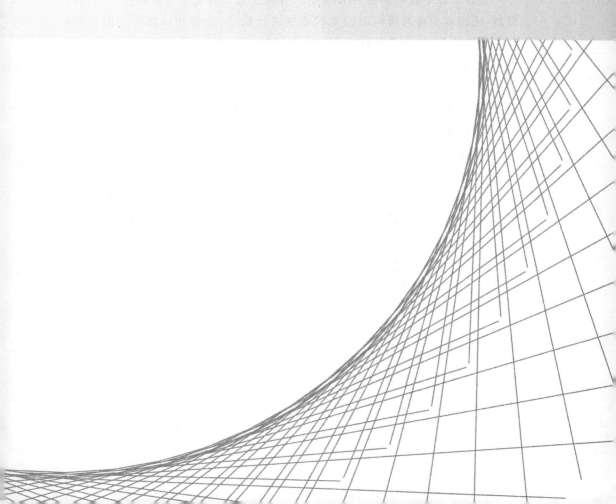

1.1 工业工程概念和内容

1.1.1 工业工程的概念

工业工程(Industrial Engineering,IE)是从科学管理的基础上发展起来的,强调综合提高劳动生产率,降低生产成本,保证产品质量,使生产系统能够处于最佳运行状态而获得最高的整体效益。

工业工程的发展迄今已有一个世纪,一直受到各工业发达国家的高度重视,在其形成和发展的过程中,内容不断充实和深化,不同时期工业过程的概念也不同。

美国工业工程师学会(AIIE)1955年将工业工程定义为:"对人员、物料、设备、能源和信息等所组成的集成系统进行设计、改善和设置的一门学科,综合运用数学、物理学和社会科学的专门知识和技术,以及工程分析和设计的原理与方法,对该系统所取得的成果进行确认、预测和评价。"该定义表明工业工程是一门方法学,告诉人们,为把人员、物质、设备、设施等组成有效的系统,需要运用哪些知识,采用什么方法研究问题,以及如何解决问题。

《美国大百科全书》(1982年版)对工业工程的解释为:"对一个组织中人、物料和设备的使用及其费用进行详细分析和研究,以使组织能够提高生产率、利润和效率。"

在日本,工业工程被称为经营工学或经营管理,认为其是一门以工程学专业,如机械工程、电子工程、化学工程、建筑工程等为基础的管理技术。日本工业工程协会(JIIE)在美国AIIE定义的基础上将工业工程定义为:"对人、材料、设备所集成的系统进行设计、改善和实施,利用数学等自然科学、社会科学中的专门知识和技术,以及工程上的分析和设计的原理和方法,对系统的成果进行确定、预测和评价"。之后,为适应现代生产的发展和要求,重新将工业工程定义为:"工业工程是一种活动,它以科学的方法有效地利用人、财、物、信息、时间等经营资源,优质、廉价并及时地提供市场所需要的商品和服务,同时探求各种方法给从事这些工作的人们带来的成就和幸福。"这个定义简明、通俗、易懂,不仅明确说明工业工程的性质、目的和方法,而且还特别把对人的关怀也写入定义,体现"以人为本"的思想。这正是工业工程与其他工程学科的不同之处。

1989年,中国机械工程学会提出工业工程就是一门涉及人、物料、设备、信息、能源等要素的集成规划、设计、改善、控制和创新的工程学科,它应用自然科学、社会科学,特别是工程技术的理论和方法,为实现生产制造、管理和服务系统的低成本、高效率和高效益的管理目标提供有力的技术支持。

1.1.2 工业工程的内涵及外延

尽管国内外工业工程的应用和发展各具特色,但其本质内涵是一致的,可以概括为以下四个方面。

1. 以降低成本、提高质量和生产率为核心

美国《工业工程手册》指出:"如果用一句话表明工业工程师的抱负,那就是提高生产率、降低成本和提高质量。"工业工程师的工作重点是提高生产率,这是工业工程的出发点和最终目的。把降低成本,提高质量和生产率联系起来综合研究,追求生产系统的最佳整体效益,是反映工业工程内涵的重要特点。

2. 综合性的应用知识体系

工业工程是一种包括多种学科知识和技术的庞大体系,其本质在于综合运用这些知识和技术提高生产率、降低成本和提高质量。

提高生产率、降低成本和提高质量,既涉及技术问题,又涉及管理问题;既有物的问题,又有人的问题。因而,必须应用包括自然科学、工程技术、管理科学、社会科学及人文科学在内的各种知识。这些领域的知识和技术不应孤立运用,而应围绕所研究对象整体的质量与生产率及成本,综合运用。

3. 注重人的因素

在生产系统的各组成要素之中,人是最活跃和最不确定的因素。工业工程为实现其目标,在进行系统设计、实施控制和改善的过程中,必须充分考虑人和其他要素之间的关系和相互作用,即须以人为中心。对于从操作方式、工作站设计、岗位和职务设计,直到整个系统的组织设计,工业工程都十分重视研究人的因素，使人安全、健康、舒适地工作，充分发挥人的能动作用和创造力，提高工作效率，并能最好地发挥其他各生产要素的作用。

4. 系统优化技术

工业工程所追求的不是优化某种生产要素（人、物料、设备等）或某个局部（工序、生产线、车间等），而是提高系统整体效益。所以，工业工程从提高系统生产率、降低成本和提高质量的总目标出发，具体研究、统筹分析、合理配置各种生产资源和环节；定量分析比较各种方案，以寻求最佳的设计和改善方案，充分发挥各要素和各子系统的功能，使之协调有效运行。

工业工程的研究进展及实践表明，工业工程的外延正在不断扩大，可概括为两个方面。

(1) 工业工程的研究由微观对象向宏观管理扩展

工业工程最初主要研究生产过程和改善现场管理，重点面向微观管理层次，解决系统各环节的问题，如通过时间研究、动作研究、工厂布置、物料搬运、生产计划和日程安排等，以提高生产率。在此基础上，现代工业工程注重研究生产系统如何综合提高系统的生产率、提高质量、降低成本、降低能耗，提高有效产出，减少环境污染，进而提高竞争力，强调对象系统的高效、集成与柔性。研究内容不再局限于微观现象，已经向宏观的管理扩展。

(2) 工业工程的应用由制造过程向各个行业扩展

工业工程不仅在生产过程中得到广泛应用，而且逐步扩展到服务行业、物流、供应链等方面，更是把制造厂、供应商、销售商、银行和用户连接成一个网络，甚至在政府部门和其他公共服务组织中，也逐步形成并日益注重用工业工程方法处理问题。

1.1.3 工业工程的学科性质及范畴

按学科分类，国外一般把工业工程列入工程学范畴，这是因为工业工程具有鲜明的工程属性。与其他工程学科一样，工业工程具有利用自然科学知识和其他技术进行观察、实验、研究、设计等功能和属性。工业工程作为一门工程学科，在一些国家的大学里，常设置在工学院中，工业工程学生学习大量的工程技术和数学方面的课程，目标是培养成为工程师，然而工业工程又不同于一般的工程学科，它不是单纯的工程技术。工业工程不仅包括自然科学和工程技术,也包括社会科学和经济管理知识的应用。由于工业工程起源于科学管理,为管理提供方法和依据,具有管理特征,也经常被当作管理技术。总体上讲,工业工程是管理与工程的集成。

工业工程学科领域兼容并蓄运筹学、系统工程、管理科学、计算机科学、现代制造工程学等的最新成果,是一门包括多种现代科学知识的综合学科。工业工程学科范畴有多种不同表述方法。美国国家标准 ANSI－Z94 从学科角度把工业工程知识领域划分为 17 个分支,即:①生物力学;②成本管理;③数据处理及系统设计;④销售与市场;⑤工程经济;⑥设施规划与物流;⑦材料加工;⑧应用数学(运筹学、管理经济学、统计和数学应用等);⑨组织规划与理论;⑩生产规划与控制(含库存管理、运输路线、调度、发货);⑪实用心理学;⑫方法研究和作业测定;⑬人因工程;⑭薪酬管理;⑮人体测量;⑯安全;⑰职业卫生与医学。日本从应用的角度将工业工程分为 20 类 113 种,包括方法研究和作业测定、质量管理、标准化、工厂设计、能力开发等。

1.1.4 工业工程的方法技术体系

美国萨尔文迪主编的《工业工程手册》在对英国 667 家公司应用工业工程的实际情况调查统计的基础上,将常用的工程工程方法和技术列为:①方法研究;②作业测定(直接劳动);③奖励;④工厂布置;⑤表格设计;⑥物料搬运;⑦信息系统开发;⑧成本与利润分析;⑨作业测定(间接劳动);⑩物料搬运设备运用;⑪组织研究;⑫职务评估;⑬办公设备选择;⑭管理的发展;⑮系统分析;⑯库存控制与分析;⑰计算机编程;⑱项目网络技术;⑲计划网络技术;⑳办公室工作测定;㉑动作研究的经济成果;㉒目标管理;㉓价值分析;㉔资源分配网络技术;㉕功效学;㉖因成组技术;㉗事故与可操作分析;㉘模拟技术;㉙四影片摄制;㉚线性规划;㉛排队论;㉜投资风险分析。

该手册对我国香港地区应用工业工程的情况也进行了调查分析。结果表明:应用最普遍的技术是工厂布置与物料搬运、方法研究、作业测定、工厂设施与制造工程、生产和质量管理等。

按照工业工程的内容与作用,工业工程的技术体系由三大类要素构造,即规划设计类、管理控制类和分析评价类。

1. 规划设计类

规划设计类为企业提高质量和效率、降低成本提供基础技术支持。它包括工作研究、设施规划与设计、物流与供应链、人因工程等。

(1) 工作研究

工作研究包括方法研究和时间研究。方法研究的目的是设计出最好的作业方法,时间研究制定出标准的作业时间。通过工作研究,使劳动标准时间与定额科学合理,减少操作者疲劳,提高生产操作系统效率。

(2) 设施规划与设计

设施规划与设计是将对象系统中的设施(场地、建筑物、公用工程和与之配套的各类设施)在给定的区域范围内,应用科学的方法与技术进行最优的规划与设计,以求最佳的布置方案,使系统投入运行与使用后能达到最小的消耗和最大的产出与效益。

(3) 物流与供应链

以物料的流动过程为分析对象,研究生产系统的平面设计、物料流动网络、在制品数量的控制方法及工位器具设计、搬运设备选择、运输路线分析、物流管理等,使物流系统达到最佳的设计与运行效益。

(4) 人因工程

应用心理学、行为科学、工程技术的方法,研究人与机器、环境的关系;研究劳动强度与人体疲劳程度,设计出最佳的人、机、环境系统,使生产效率得以提高与改善。

2. 管理控制类

管理控制类包括面向整体效益提高的生产计划与控制、质量控制、成本控制和信息控制。

(1) 生产计划与控制

从原材料入厂、下料、加工、装配、调试直到产品出厂等各作业工序的要求出发,计划、调度和控制与之相应的生产组织及材料和人员等,是保证整个生产系统有效运行的关键。生产计划与控制研究以最少的资金占用,最低的生产成本,保证生产连续均衡,有节奏,保证生产合理运转,从而统一提高效率和效益。

(2) 质量控制

根据质量目标,采用各种质量控制技术与方法,使生产过程处于稳定状态,确保提高产品质量和工作质量。从最初的事后检验到 20 世纪 30 年代的统计过程控制,再到全面质量管理、ISO9000 质量管理体系和 6σ 管理,质量控制一直是工业工程的重要支撑技术。

(3) 成本控制

成本控制运用成本会计的各种方法,对影响成本的各种因素加以制约,杜绝损失和浪费,将成本控制在计划范围内,达到以最少的消耗取得最大的经济效益。

(4) 信息控制

借助于计算机、网络、通信、数据库等支撑手段,采用计算机辅助管理信息系统,进行信息的收集、传输、加工、储存、更新和维护,优化信息流向,加快信息流转,规范企业管理流程,支持企业的高层决策、中层控制、基层运作,实现系统的集成化、高效化有机运作,有效地提升企业的科学管理水平,促进企业高效低成本运营。

3. 分析评价类

分析评价类包括工程经济分析、评价与预测、决策技术等。

(1) 工程经济分析

研究投资的可行性,评价其经济合理性。常采用投资回收期法、现值法、内部收益法等,辅助开展工程经济分析,为决策者提供依据。

(2) 评价与预测

评价是方案决策、人力资源和过程改进等工作的基础。例如,健全的工作评价与人事考核工作不仅可以使任免、调职、晋升、培训等人事工作公平合理,而且可以调动员工的主动性和创造力,提高作业效率和工作效率。

(3) 决策技术

采用定性分析(如头脑风暴法、专家意见法、德尔斐法)或定量分析(如量本利分析法、边际分析法、决策树法、运筹学方法)等方法,调用各种信息资源,应用信息搜索技术、信息智能处理技术,借用决策分析工具、辅助决策系统、模拟仿真系统等,帮助决策者提高决策水平和决策质量。

1.1.5 工业工程的研究对象

工业工程的研究对象是由人员、物料、设备、能源、信息、环境等要素所组成的各种生产系统或服务系统。这些系统可归结为大规模工业生产及社会经济系统或广义的现代生产系统。制造（生产）系统作为现代生产系统的典型代表，是工业工程研究的重要对象。服务系统作为新兴的研究与应用对象，方兴未艾。

1.2 工业工程的形成与发展

1.2.1 工业工程的起源和形成

任何一门科学能被人们接受并成为人们改造自然和社会强有力的工具，必然存在其赖以生存和发展的基础、环境和动因。总体来讲，工业工程发展的动因在于三个方面，即社会生产力发展的需求、科学技术日新月异的成果的支持作用和社会环境（或说经济形态），确切地说，是商品经济所提供的社会发展环境。生产力的发展使生产与管理系统的规模越来越大、越来越多样化。这在客观上要求必须存在着分析、设计、改善这些系统和管理的技术体系。因而，在20世纪初生产力开始快速发展时，才产生工业工程。而科学技术成果，如运筹学、统计学、系统工程、计算机工程及信息技术都为工业工程技术体系提供了巨大的支持；而市场经济为企业提供了竞争的社会环境。

一般认为工业工程最早起源于美国。19世纪末20世纪初，美国工业迅速发展，生产方式由家庭小作坊方式向社会化大生产方式转化，导致劳动力严重不足，而劳动效率又很低下。当时的工业生产很少有生产计划和组织，生产一线的管理人员对工人作业只是口头上的指导，作业方法很少得到改进和提高。管理人员的工作方法缺乏科学性和系统性，主要凭经验办事，很少有人注意一个工厂或一种工艺过程的改进和协调，因而效率低，浪费大。以泰勒和吉尔布雷斯为代表的一大批科学管理先驱者，为改变这种状况进行了卓有成效的工作，开创了科学管理，为工业工程的产生奠定了基础。

泰勒(Frederick Winslow Taylor,1856—1915)是一位工程师、效率专家和发明家,一生中获得过100多项专利。他认为管理没有采用科学方法,工人缺乏训练,没有正确的操作方法和程序,大大影响了工作效率。他相信通过对工作的分析,总可以找到改进的方法,设计出效率更高的工作程序。他系统地研究了工场作业和衡量方法,创立了"时间研究"(Time Study),并通过改进操作方法,科学地制定劳动定额,采用标准化,极大地提高了效率,降低了成本。泰勒将他的研究成果应用于管理实践,并提出了一系列科学管理理论和方法。1911年,泰勒公开发表了《科学管理原理》一书。该书的发表被公认为是工业工程的开端。所以,泰勒在美国管理史上被称作"科学管理之父",也被称作"工业工程之父"。

吉尔布雷斯(Frank Bunker Gilbreth,1868—1924)是和泰勒同一时期的另一位工业工程奠基人,其主要贡献是创立了与时间研究密切相关的"动作研究"(Motion Study)——对人在从事生产作业过程中的动作进行分解,确定基本的动作要素(称为"动素"),然后进行科学分析,建立起省工、省时、效率最高和最满意的操作顺序。典型例子是"砌墙实验"。通过对建筑工人的砌砖过程进行动作研究,确定砌砖过程中的无效动作、笨拙动作,并通过改进作业的布置和作业工具,使原先砌一块砖需要18个动作简化到5个,使砌砖效率由每小时120块提高到每小时350块。1912年吉尔布雷斯进一步改进动作研究方法,把工人操作时的动作拍成影片,创造了影片分析方法,对动作进行更细微的研究。1921年,他又创造了工序图,为分析和建立良好的作业顺序提供了工具。

甘特(Herry L Gantt,1861—1919)也是工业工程先驱者之一,他的突出贡献是发明了著名的"甘特图"。这是一种预先计划和安排作业活动、检查进度以及更新计划的系统图表方法,为工作计划、进度控制和检查提供了十分有用的方法和工具。直到今天,它仍然被广泛地应用于生产计划和控制这一工业工程的主要领域。

还有许多科学家和工程师对科学管理和早期工业工程的发展做出过贡献,如1776年英国经济学家亚当·斯密(Adam Smith)在其《国富论》一书中提出了劳动分工的概念。

1.2.2 工业工程发展的四个阶段

工业工程形成和发展演变的历史,实际上就是各种用于提高效率、降低成本的知识、原理和方法产生与应用的历史,随着社会和科学技术的发展,工业工程技术也不断充实新的内容。

从19世纪开始,IE发展经历了四个相互交叉的阶段,每个阶段都有其各自的特点。

第一阶段(19世纪末—20世纪30年代初):这是IE萌芽和奠基的时期。这一时期以劳动专业化分工、时间研究、动作研究、标准化等方法的出现为标志,主要是在制造业(尤其是机械制造企业)中应用动作研究和时间研究等科学管理方法,提高工人作业效率。并且,主要是针对操作者和作业现场等较小范围、建立在经验基础上的研究。产业革命促进了大批革新项目,制造业的规模和复杂性大幅度增加。零件互换性和劳动分工是促使大量生产成为可能的两个重要的工业工程观念。在德国兴起的标准化同样也是促进大量生产和工业化的重要IE成就。1832年,英国的查尔斯·巴贝奇(Charles Babbage,1792—1871)发表了《机械制造业经济论》(On the Economy of Machinery Many factures)一书,提出了时间研究的重要概念。

1910年,吉尔布雷斯夫妇从事动作研究和工业心理学研究;1913年,亨利·福特(Henry Ford,1863—1947)发明了流水装配线;1914年,甘特从事作业进度规划研究和按技能高低与工时付酬的计件工资制的研究;1917年,哈里斯(F. W. Harris)研究应用经济批量控制库存量的理论。

被誉为工业工程之父的泰勒,通过著名的"铁铲实验""搬运实验"和"切削实验",总结了称为"科学管理"的一套思想。

第二阶段(20世纪30年代初—20世纪40年代中期):这是工业工程的成长时期。这一时期由于吸收了数学和统计学的知识,创立了许多IE的原理和方法,包括人机工程,设施规划与设计,物料搬运,生产计划与控制,质量控制,成本管理以及工程经济分析,组织的设计、分析、评价和改善,群体工作效率分析与人员激励,等等,形成了现代IE的主体。在这一时期,美国高校成立了更多的IE专业或系,并且出现了专门从事IE的职业。

第三阶段(20世纪40年代中期—20世纪70年代末):这是工业工程的成熟时期。在这一时期,运筹学和系统工程成为IE的理论基础,计算机为IE提供了有效的技术手段,特别是应用数学规划、优化理论、博弈论、排队论、存储论等理论和方法用于描述、分析和设计各种系统,直至系统的寻优。在这一时期IE得到了重大发展,美国于1948年成立了美国工业工程师学会

(American Institute of Industrial Engineers，AIIE)。1955年，这一组织首次给出了IE的正式定义。从20世纪50年代起逐渐建立了较完整的IE学科体系，到1975年美国已有150所大学提供IE教育。另外，在这一时期，工业工程已不仅仅是欧美工业发达国家的"专利"，而且已被成功引入亚太地区。其中最典型和应用最成功的是日本。日本在第二次世界大战后的经济恢复期，从美国的管理思维和技术手段中成功地将工业工程引入各行各业，并进行日本式消化和改造，开创出丰田生产方式(Toyota Production System，TPS)、全面质量管理(Total Quality Management，TQM)等先进的管理理念和方法。而韩国、新加坡、中国台湾和香港地区更是加大了工业工程的开发与应用力度，在工业工程高等教育、培训、企业应用等方面都走在国际前列，开创了"亚洲四小龙"的经济飞速发展的奇迹。现代IE的充分应用既使得以美国为代表的西方国家经济发展到鼎盛时期，同时也使得日本、德国等第二次世界大战的战败国经济得到复苏和迅速崛起。

第四阶段(20世纪70年代末—现在)：这是工业工程的扩展与创新期。计算机技术、系统工程、通信技术等的发展，使工业工程所面临的问题更加复杂，同时又为它的发展提供了新的技术和手段。因而，当今是IE学科最富有创造力的时代。在这一时期系统工程原理和方法用于IE，完善了IE的理论基础和分析方法，特别是系统分析与设计、信息系统、决策理论、控制理论等成为IE新的技术手段，IE的应用范围从微观系统扩展到宏观系统，从工业和制造部门应用到政府部门和各种组织，IE全面应用于生产、服务、行政、文体、卫生、教育等各行各业。

从工业工程发展的四个阶段来看，工业工程技术是从着眼局部改造的工作研究开始，逐步扩展到第二个阶段的设施设计、物料搬运、人机工程、生产计划与控制、质量控制、工程经济及成本控制等。其特点是着眼于生产、管理的全过程和整体系统的效益提高。而第三、第四个阶段在全面性、整体性的基础上，吸收了信息技术的特点，面向企业的柔性化、集成化、全面化服务又产生了诸如计算机辅助设计/计算机辅助制造(CAD/CAM)、物料需求计划(MRP)、制造资源计划(MRPⅡ)、准时制(JIT)、敏捷制造(AM)、并行工程(CE)、企业流程重组(BPR)等最新的技术方法。

1.3 工业工程的应用

1.3.1 工业工程在制造业中的应用

工业工程起始于20世纪初期的制造业。制造过程通常十分复杂,涉及的环节和因素众多。伴随制造过程的进行,始终有物质流、信息流、能量流、资金流、人员流、误差流等不断地流动,对这些"流"进行规划、组织、管理、优化和匹配,从而取得更好的综合效益,是制造企业追求的目标。

目前,航空航天、汽车、船舶、家电和建材等各种制造行业,都将应用工业工程作为提高管理水平的重要手段。由于各个制造企业的规模、生产方式方法、管理水平不同,开展工业工程活动时,采用的具体工业工程方法和技术及应用的广度和深度不同,采取的手段和态度也不尽相同。大多数企业都设置有专门的部门,从事生产管理、质量管理、工作研究、人事考核、物流管理及设施规划等工业工程重点关注的工作。

1.3.2 工业工程在服务业中的应用

随着社会的进步和科学技术的发展,现代工业工程的应用领域已从制造业向服务业拓展。

1. 工业工程在超市中的应用

超市为消费者提供日常生活用品,包括食品、日用百货、家电、洗涤化妆用品、服装、音像制品等。在其连锁经营中,主要靠低价位营利,因而供应链和库存管理非常重要。工业工程在制造业中的一些理论,如设施规划、物流分析、成本控制和库存管理等,同样可以应用于超市选点布局、设施布置与规划、货架和货品陈列设计、库存和物流管理、收银流程优化、配送系统设计,以及工作人员考核和成本控制等经营管理工作。

2. 工业工程在医院中的应用

目前国内外一些工业工程专家开始关注工业工程在医院管理中的应用

研究。

(1) 医疗服务流程重组

围绕整个医疗服务过程,以病患为对象,以快速及时救治为中心,对门诊急诊流程、住院流程、手术流程、检验流程等进行优化重组,使医院达到"病人在正确的时间和正确的地方得到正确和理想的服务"状态。

(2) 以 6σ 管理技术提升医院服务品质

6σ 管理是将产生不良结果的原因进行量化分析,通过分析找出症结所在,以便对症下药,并对其进行长期的控制。推行 6σ 管理,是降低医疗事故和差错率,提高患者满意度的有效方法。美国有关专家测算,按目前 99% 的质量水平,全美国医生每年至少开错药方 20 000 张,新生儿每年被医护人员不慎跌落 15 000 次,每周做错外科手术近 500 例。如果把质量水平提高到 6σ,则医生开错药方每 25 年只有 1 张,新生儿被医护人员不慎跌落每 100 年只有 3 次,做错的外科手术每 20 年只有 1 例。推行 6σ 管理的意义和影响一目了然。

(3) 运用人因工程学方法设计就医环境

传统的医院布局是以功能部门划分的,这种布局设计必定不适应医疗服务流程连续的特性。病患人员肯定不容易找到众多而复杂的功能部门。按人因工程原理合理布局,使每个部门都有明确的方向指示和文字标识,使患者更加方便快捷地找到就诊科室,必将加快就诊速度,同时也将医务人员从不断地回复患者问题中解放出来。此外,合乎人因工程学的医疗设施能给患者一个舒适、安全、优美的人性化就医环境。

3. 工业工程在物流业的应用

物流最早形成于美国,20 世纪 50 年代吸收第二次世界大战期间后勤学的思想后,演变成现在意义上的物流。20 世纪 90 年代末,"物流"的概念进一步发展,与生产过程结合更加紧密,成为"供应链"中的一部分。"物流"概念从诞生起就包含运输、保管、信息在内的系统问题,用以提高整个生产环节中物资传递效率。这一特点与工业工程提高效率、追求效益的目标天然一致。

欧美等西方发达国家 20 世纪 70 年代末就已经开始将工业工程技术大规模应用于交通运输和物流行业。经过几十年的发展,工业工程技术已经覆盖到物流运作的方方面面,从宏观的物流模型设计,到微观的人员动作规范,无一不体现出工业工程思想的深刻影响。这其中最为典型的就是以联邦快递(FedEx)和 UPS 为代表的快递行业。快递作为物流行业中的高端,客户群庞大而分散,时效要求极高。因此,利用工业工程技术合理规划线路、人员、时间、车辆、飞机、信息等各种资源,以达到快速、准确递送货件的目的,就成了快递从业者最基本也是最重要的工作之一。国内也有相当多的学者应用与工业工程相同的原理和方法研究物流系统和物流运作,如线性规划、动态规划、存储论、运筹学、系统分析等。

除了在超市、医院及物流业的应用,工业工程在银行、专营店、邮政、电信等其他服务业的应用也得到研究,如从工业工程的角度对书业连锁经营信息系统的改进和完善;利用工业工程技术加强机场安全管理和防范;采用工业工程的方法,改善企业咨询管理流程,提出详尽与可操作的改进建议,确保实施后企业可以获得相当的效果和效益等。有效而恰当地利用工业工程的理论和技术进行服务业管理创新,简化服务流程,提高服务效率和质量,降低服务成本,可以极大地推动服务业内外产业结构优化,提升其管理水平,变革其管理理念,从而使服务业发展跟上市场的变化,更好地适应市场,真正有效高质地服务市场。

1.3.3　工业工程在非营利组织中的应用

将工业工程引入以服务提供为特征的非营利组织的生产管理,应用于政府组织的行政管理,通过对这些组织的结构、体系、资源要素、事务活动、工作质量等的研究,对于提高它们的管理效率、质量和水平,实现工作规范化、制度化和信息化,具有重要的现实意义。

与营利组织的生产管理相比较,非营利组织,如政府组织的行政管理政策强、涉及面宽、要素系列多、要素管理内容复杂。在这种情形下,需要采用工业工程的理论和方法,对行政管理职能进行梳理、分类和归并,对业务流程进行优化重组或再造,避免出现要素交叠、要素遗漏、相同要素重复应用,甚至出现层次混乱、前后不一致的应用结论等现象。

第二章 工业工程方法论

2.1 工业工程的思维方式

2.1.1 经营思维

企业的经营活动是社会的基本活动,企业经营的最基本目标是获取利润,只有能够获得利润的企业才能够有生存和发展的空间,才可能为社会做更多的贡献。假设一个企业的经营效果表达如图2-1所示,其中 P 代表单位产品平均价格,C 代表平均成本,Q 代表企业年销售量(单位产品)。企业获得利润的途径主要有三种:第一,提高产品售价,即 P 上升;第二,尽可能销售更多的产品,即 Q 上升;第三,降低成本,即 C 下降。任何企业的经营都是基于这三种基本模式,根据企业自身能力而形成的不同组合。

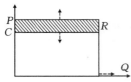

图2-1 企业经营思维

前两种方法需要环境的允许才行,而第三种途径,是企业自身可以掌控的要素,而且这种成本降低的空间是很大的。因此,无论在何种环境下,降低成本可以为企业的市场竞争行为提供灵活应对的基础。

依靠工业工程与丰田文化完美结合形成的丰田生产方式,通过持续不断的"瘦身"计划与活动的推行,使丰田不仅显著地降低成本,并实现高速成长和不断扩张,仅在过去的25年中丰田的产量就足足翻了7倍。更引人注目的是丰田的利润已经超过了"底特律三大"的总和,市场资本总额更是远胜三者。丰田成功的最基本理念就是认为"利润=收入－成本",认为降低成本是提高利润的基本途径,只有不断降低成本,才能保证企业持久的竞争力。

2.1.2 生产思维

那么如何才能实现低成本的目标呢?对于一个提供产品(包括有形的产品和无形的服务)的企业,成本直接来源于人类提供产品和服务的生产活动中,因此对生产过程的分析与有效组织是实现降低成本的最直接环节。

什么是生产?本质上,生产是一种转换活动,通过对投入系统中的各种生产要素(包括人员、材料、设施、设备、信息和能源等)有效组织、配置和"加工",并最终将其转变为社会经济财富,从而增加价值的过程。简言之,生产系统就是生产要素经过投入、转换(生产过程),从而得到产出物的系统,如图 2-2 所示。

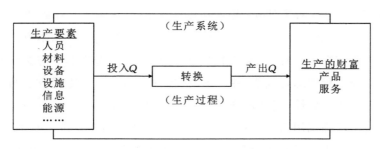

图 2-2 生产思维

与经营管理(开放系统)不同,生产系统是封闭系统,强调所有投入企业内部的资源的合理配置、使用和增值,并最终形成被社会和顾客认可的产品与服务。投入产出效率,即生产率(productivity),它是企业的产出(output)与投入(input)的比值,用公式表示为

$$\text{productivity} = \text{output}/\text{input} \tag{2-1}$$

它是衡量企业这种转换效率的最基本指标。生产率高,即转换效率高,资源利用率高,则企业利润好;生产率低,即转换效率低,存在资源的浪费,则企业利润差。所以这种转换效率对企业生存与发展至关重要,企业必然需要不断提高生产率以提高企业经营效果。

那么如何提高生产率呢？这取决于生产过程中如何充分地发挥生产要素的作用。生产系统的运作效率(I)受到多种因素的影响,如生产周期(T)、物流速度(V)、一次投入量(Q)、平面布置(L)等因素都直接影响系统的运作水平。这可以表示为

$$I = (T, V, Q, L \cdots) \tag{2-2}$$

式中,L 为平面布置,由于平面布置决定了物流的起终点和物流的路径及流程,所以它直接决定着企业的物流路线、物流速度、生产周期,甚至一次投入量等要素,同时平面布置还决定着生产管理的难度与安全等问题。同样,降低在制品储备,提高周转速度,也影响着生产的效率,可以显著降低系统的资金占用。对这些要素的合理设计、控制与改善是提高生产率的基本前提。

2.2 工业工程方法论体系

所谓的工业工程方法论,是运用工业工程的方法研究在解决工业生产和社会经济系统问题时所应该遵循的工作程序、逻辑步骤、基本方法和方法体系。它是贯穿于各种、各类专门的工业工程方法或技术中的主线。要真正形成工业工程的综合效能,并使各类、各种专门的工业工程方法与技术具有内在的逻辑一致性,就必须确立工业工程的方法论体系。

系统工程强调用系统、整体的思维解决问题。由于系统工程的应用,现代工业工程把生产经营作为系统来研究,不再是孤立地研究某个环节,而是从系统整体的目标出发来处理各部分、各要素之间的关系。20世纪60年代,许多学者根据实践经验总结系统工程方法论,其中美国学者H.霍尔最先提出了"三维结构体系",作为系统工程方法论的基础。

而系统工程中的许多基本方法,如综合创造性技术、结构分析方法、优化分析与设计技术、系统仿真技术、系统评价技术以及计算机辅助系统分析与设计技术等,在工业工程中具有通用性和方法论的意义及地位,也属于工业工程方法论体系的内容。参照系统工程中的霍尔三维结构,可将工业工程方法论的形式体系归结如图2-3所示。

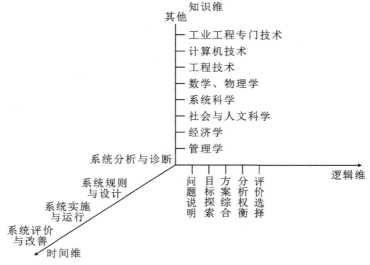

图2-3 工业工程方法论三维结构图

三维结构体系是由时间维、逻辑维、知识维组成的一个立体的、跨学科的体系。

知识维提供了开展 IE 研究的基本准备,主要包括管理学、经济学、社会与人文科学、系统科学、数学、物理学、工程技术(尤其是计算机技术和制造工程技术),以及工业工程的专门技术。因此对一个合格的工业工程师的知识体系的要求是非常高的。

逻辑维提供了进行工业工程研究与实践的基本步骤,任何一个活动的展开通常都是按照问题说明、目标探索、方案综合、分析权衡以及评价选择五个步骤展开的。

时间维则提供了工业工程具体解决问题的基本进程,包括系统分析与诊断、系统规则与设计、系统实施与运行、系统评价与改善这样一些彼此高度相关的阶段,这些阶段按时间先后次序进行排列。

整个工业工程就是由这三方面的内容有机组合而成,其中主线是时间维,即工作进程。这三项内容之间的关系如何?简言之,在组织系统工程的各个阶段都应全面遵循逻辑维的五个步骤和注意知识维的八种知识的应用。例如,在规划与设计阶段,就应按照思维过程的五个步骤进行,同时要全面应用八个方面的知识。其余以此类推。

2.3 工业工程的共性技术

在各类工业工程实践中,已形成了许多具有通用性,能较好体现系统工程思想及工作过程的基本方法,如系统分析及系统优化、仿真、评价技术、系统设计方法、创造性技术、系统图表法以及计算机系统支持技术等。这些方法或技术是现代工业工程专门技术的基础。

2.3.1 工业工程标准符号

工业工程的基本符号主要有五种,即操作、检验、搬运、迟延、储存。它们最初由吉尔布雷斯设计提出,1979 年由美国制定为国家标准(ANSIY15.3M—1979)。早期它们主要用于动作研究中,以方便、迅速、正确地记录工作现状(人和物的流动、作业工序变化、时间、距离等)和发现问题并实现改善。以此为基础形成了一系列研究流程的工具——程序图,如工艺程序图、流程程序图、线图、人机操作程序图、联合操作分析图、双手操作程序图。随着工业工程的发展,这一套标准符号的使用已经远远超越了最初的设计目标,成为组织进行流程分析、改善和再造的最基本和最有效的分析工具。

○:操作。表示工艺过程、方法或工作程序中的主要步骤与活动。

□:检验。表示对质量或对数量的检验。检验一种操作在质量或数量上执行得是否正确。如果不是由于人可能出现的过失,大多数的检验工作本来是可以取消的。

⇨:搬运。空心箭号,表示人、物料或设备从一处向另一处的移动。

D:迟延。大写英文字母"D",为"delay"的缩写,表示在事件顺序中的等待。

▽:储存。表示为了控制目的而保存货品。储存和迟延(暂存)的区别在于,从储存处取出物品时一般需要单据或其他形式的凭据,但从迟延(暂存)处取出则不需要。

2.3.2 系统分析与系统设计

1. 系统分析

系统分析是一门分析技术,是第二次世界大战后由美国军事研究机构兰德(RAND)公司最早开发的,它以系统理论、运筹学、信息论、控制论、计算机软件等为基础,研究在自然环境条件下受人控制和影响的有目的运行系统的机理,在解决大型工程项目等大规模复杂系统问题时尤其有效。20世纪70年代以来,系统分析的应用已扩大到社会、经济、生态等广泛领域。目前,系统分析被认为是应用建模、优化、仿真、评价的技术对系统各个方面进行定量和定性分析,为选择最优或最满意的系统方案提供决策根据的分析研究过程,是工业工程的重要理论和基础。

系统分析的具体内容,表现为对系统分析基本要素的研究。这些要素主要是指目的、可行方案、费用、效果、模型和评价标准。

(1)目的

系统分析的对象是人工系统,一切人工系统都具有目的性,因此,系统分析首先要明确所期望达到的目的。例如,完成或超额完成生产计划,达到规定的质量和成本利润率指标等,就是企业的经营管理系统的目的。显然,系统的目的不一定是单一的,可能有很多种。系统的目的不是一次能够确定的,它也是一个反复的分析过程。必须运用反馈控制法,逐步地明确问题,选择手段,确定目的。确定系统目的的过程,如图 2-4 所示。

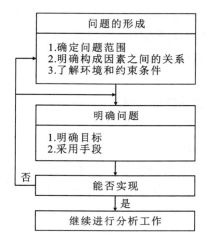

图 2-4 确定系统目的的过程

(2) **可行方案**

实现系统的目的可以采用多种手段,因而可以产生各种可行方案。由于条件的不同,方案的适应性也不同,因此,在明确系统的目的之后,就要通过系统分析,提出各种可能的方案,供决策时选择。可行方案首先应该是可行的,同时还应该是可靠的。有了多种可行方案,决策者就可以根据当时的条件,选择其中最合适的方案。

(3) **费用**

任何系统目的的实现都需要付出一定的费用,用于人、物、材、设备等资源的耗费。由于机会的丧失而做出成本上的牺牲,也加入费用的构成部分。通过对费用的分析,了解经济可行性,即可利用资源的可能性、投产者盈利的可能性等。

(4) **效果**

由于人工系统都具有目的性,因此十分注重是否达到目的,这就是效果。目的与效果的这种直接联系,决定了对系统进行效果分析的重要性。在分析系统的效果时,必须注意直接的效果,同时也要注意间接的效果。对于企业的经营系统来说,直接效果是指企业的利益;间接效果是指企业以外的社会效益。这两个方面的效果都要兼顾,而不能偏废。

(5)**模型**

系统设计需要有模型,以反映系统的要素和结构以及它们之间的相互关系。形象模型、模拟模型和数学模型等形式,要根据实际的条件和需要加以构造。例如,为了分析目的与手段的关系,可以构造费用与效果的相互关系的数学模型。有了模型,就能在决策以前对结果做出预测。

(6)**评价标准**

衡量可行方案优劣的指标,称作评价标准。由于存在多种可行方案,因此,根据统一的评价标准,对各种方案进行综合评价,可以比较各种方案的优劣情况,确定对各种方案的选择顺序,为决策提供依据。

系统分析是从确定所期望的目的开始的。为了确定目的,必须提出问题,在收集资料的基础上,建立模型,通过模型来预测各种可行方案的效果,并根据评价标准进行分析和评价,确定各方案的选择顺序。若得到满意的结果,就做出最后的决策。这就是系统分析的过程,如图2-5所示。

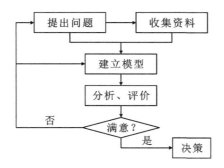

图 2-5　系统分析的过程

2. 系统设计

系统设计是在系统分析的基础上,按照系统思想和优化要求,综合运用各有关学科的知识、技术和经验,通过总体研究和详细设计等环节落实到具体工作或项目上,以创造出满足设计目的的人造系统。在系统开发过程或整体系统生命周期中,系统分析着重回答"干什么"的问题,而系统设计则主要解决"怎么干"的问题。

系统设计一般分为工作系统(如生产系统、组织系统等)设计、信息系统

(管理信息系统、决策支持系统)设计以及工程系统设计等,并均在工业工程实践中得到广泛的应用。在进行任何系统的设计时,一般要考虑的基本问题或系统设计的要素有以下六个方面:

(1) **系统的功能**

系统的功能主要指设计系统的目的和所设计系统的各方面结果的期望及要求。

(2) **系统的输入与输出**

系统的输入与输出,即要明确进入这个系统需要进行处理和转换的事物及输出结果的形式、性质、数量等。

(3) **系统的程序和层次**

要求明确系统内部从输入到输出所经历的必要转换环节及系统的反馈控制方式。

(4) **系统的环境**

要充分考虑到环境因素未来的变化。

(5) **系统的媒介**

这里主要是指在整个转换输入过程中所利用的手段,如生产系统中的设备、工具,信息系统中的计算机等。

(6) **系统中人的因素**

这是保证系统正常与高效运作的根本条件之一,在设计中应着眼于发挥人的主观能动性和人机的最佳结合。

系统设计通常应用两种方法:一种是归纳法,另一种是演绎法。应用归纳法进行系统设计的程序是:首先应尽可能地收集现在和过去同类系统的设计资料;在对这些系统的设计、制造和运行状况进行分析研究的基础上,根据所设计系统的功能要求进行多次选择,然后对少数几个同类系统做出相应修正,最后得出一个理想的系统。演绎法是一种公理化方法,即先从普通的规则和原理出发,根据设计人员的知识和经验,从具有一定功能的元素集合中选择能符合系统功能要求的多种元素,然后将这些元素按照一定形式进行组合,从而创造出具有所需功能的新系统。在系统设计的实践中,这两种方法往往是并用的。如可先用演绎法对系统整体予以描述,然后对其中的子系统等要素采用归纳法进行详细设计。

2.3.3 发现问题的 5W1H 提问技术

5W1H 提问技术是指对研究工作以及每项活动从目的、原因、时间、地点、人员、方法上进行提问,为了清楚地发现问题可以连续提问几次,根据提问的答案,弄清问题所在,并进一步探讨改进的可能性。5W1H 提问技术的命名源于 5 个提问英语单词(why,what,when,where,who)首字母都含有"W",且最后一个提问的词(how)首字母为"H",也有人称之为 6W 提问技术。"5W1H"提问技术的内容如表 2-1 所示。

表 2-1 5W1H 提问技术的内容

	内　　容	第一次提问	第二次提问	第三次提问
原因	1.将所有的事情先怀疑一次,再做深入的追究 2.把上面五个问题均用 Why 来检讨,并找出改善方案	为何做 (Why)	为什么要这样做	是否不需要做
目的	1.去除不必要部分和动作 2.改善对象是什么 3.改善目的是什么	做什么 (What)	是否必要做	有无其他更合适的对象
时间	1.改变时间、序列 2.改变作业发生之时刻、时期、时间	何时做 (When)	为何需要此时做	有无其他更合适的时间
地点	1.改变场所或场所之组合 2.作业或作业者之方向是否在正确状态	何处做 (Where)	为何需要此处做	有无其他更合适的地点
人员	1.人的组合或工作的分担 2.对作业者之间或作业者与机器、工具之关系重新加以检讨	何人做 (Who)	为何需要此人做	有无其他更合适的人
方法	1.使方法、手段更简单 2.改善作业方法或步骤,使所需劳力更少,使费用更便宜	如何做 (How)	为何需要这样做	有无其他更合适的方法与工具

5W1H 提问技术与生产系统的五大要素直接相关(见图 2-6)。在实际

应用5W1H提问技术时,就是对这五大要素展开提问,以发现问题和解决问题的途径。

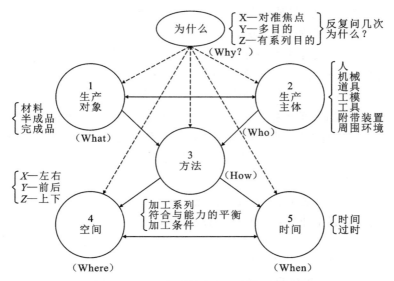

图2-6　5W1H提问技术与生产的五大要素

2.3.4　实现改善的ECRS原则

在用标准符号和流程图记录下作业和流程,并应用5W1H提问技术对流程进行系统分析之后,就需要遵循ECRS(eliminate,消除;combine,合并;rearrange,重排;simplify,简化)原则研究和探讨改进的可能性,并设计新的作业方法、工作地布置、作业工具和相应的流程,而且配备合适的人员。

E(eliminate),即消除。提问"做什么""是否必要"等问题,若答案为不必要则予以取消。取消是改善的最佳效果,如取消不必要的工序、作业、动作和不需要的投资等。需要注意的是,在改善的过程中要对程序图上的每一道工序都加以审查,确认其保留的必要性,凡可取消者一律取消,例如:

①取消一切可以取消的工作内容、工作步骤、工作环节及作业动作;
②取消一切不安全、不准确、不规范的动作;
③取消以手作为持物工具的作业;
④取消不方便或不正常的作业;
⑤取消一切不必要的闲置时间。

C(combine),即合并。对于无法取消而又必要者,看能否合并,以达到省时简化的目的。如合并一些工序或动作，或将原来由许多人进行的操作，改进为由一人或一台设备完成。对程序图上的操作和检验项目，考虑相互合并的可能性，凡能合并者，在保证质量、提高效率的前提下予以合并，例如：

①把必须突然改变方向的各个小动作合成一个连续的曲线动作；
②把集中工具合并为一种多功能的工具；
③把几道分散的工序合并为一道工序；
④合并可能同时进行的动作。

R(rearrange)，即重排。不能取消或合并的工序，可再根据"何人、何事、何时"三提问进行重排，使其作业顺序达到最佳状况。对程序图上的作业序列进行宏观分析，考虑重新排列的必要性和可能性，有时仅仅通过重排就可显著提高效率，例如：

①重新排列工艺流程，使程序优化；
②重新布置工作现场，使物流路线缩短；
③重排流水线工位，消除薄弱环节；
④重新安排作业组的分工，使工作量均衡。

S(simplify)，即简化。经过取消、合并和重排后的工作，可考虑采用最简单、最快捷的方法来实现。如增加工装夹具、增加附件、采用机械化或自动化等措施简化工作方法，使新的工作方法更有效。这里既包括简化复杂的流程，也包括简化每道工序的内容，例如：

①减少各种烦琐程序；
②使用最简单的动作来完成工作；
③简化不必要的设计结构，使工艺更合理；
④作业方法力求简化；
⑤运送路线、信息传递路线力求缩短。

改善时一般遵循对目的进行取消，对地点、时间、人员进行合并或重排，对方法进行简化的原则。具体运用情况如表 2-2 所示。

表 2-2 ECRS 四原则的运用示例

原则	目标	实例
消除（eliminate）	是否可以不做 如果不做将会怎么样	省略检查 通过变换布局省略搬运
合并（combine）	2 个及 2 个以上的工序内容是否可以合并起来	同时进行 2 个及 2 个以上的加工作业 同时进行加工和检查作业

续表

原则	目标	实例
重排（rearrange）	是否可以调换顺序	更换加工顺序提高作业效率
简化（simplify）	是否可以更简单	进行流程优化 实现机械化或自动化

2.3.5 系统图表法

系统图表法是工业工程及其系统分析中常用的结构模型化方法，在规划活动过程、分析复杂问题方面具有直观、简捷和富于启发性等特点。系统图表有问题分析图表和活动规划图表两类。问题分析图表以关联树图及矩阵表为代表，还有特征因素图（鱼骨图）、成组因素综合关系图及其交叉关系矩阵、解释结构模型等；活动规划图表以各种流程图为代表，另有 HIPO 图（活动一览表、规划 HIPO 图、工作 HIPO 图等）、工作分配表、工作进度表（甘特表）等。

关联树法是一种最基本的系统结构分析方法，它通过将系统的目的、功能、手段等有关项目逐级展开，建立整个问题的结构图示，特别有助于遗漏项目和替换方案的发现。因而它是一种在系统工程、管理和工程项目中广泛应用的方法，主要用于诊断分析、预测、评价、决策以及可靠性研究等。PATTERN（通过相关树技术评估的规划辅助方法）是美国霍尼韦尔（Honeywell）公司 1963 年为编制阿波罗计划所开发和使用的关联树。目前，常见的关联树有问题树、目的-功能树、决策树、缺陷树等，并均在工业工程中有所应用。与此方法相适应，20 世纪 70 年代中期国外又提出了一种特别适合于建立系统问题要素间递阶结构模型的结构分析技术——解释结构模型化（ISM）技术，其应用与发展很快。

流程图是用来规划工作阶段或思想创新的系统图表，是对实际系统运作过程或分析与解决问题方法论的直观表述，在工业工程中具有重要的作用和普遍的应用。应用于工业工程的流程图通常有两类：一类主要用于基础工业工程和生产系统的规划与设计，如工艺流程图、布置流程图、物流流程图等；另一类主要用于信息系统（尤其是计算机辅助管理系统）的开发与设计，如数据流程图、系统流程图、程序流程图等。

2.3.6 创新性技术

创新性思维与创新性技术是认识系统问题,探寻行动方案,分析、设计、改善大规模复杂系统问题的思想和方法基础。如果把工业工程理解为设计,那么它不同于常规设计,而更适用于研究发展新项目与系统;如果把工业工程理解为管理,它需要不断探索改进管理系统与工作程序以提高效率。因此,工业工程需要的是高度的创新性。创新是工业工程的本质功能。随着发明学、创新工程、系统工程和管理科学的发展,人们已先后提出了一百多种具体的创造性技术和方法。其中,最常用、最基本的综合创新性技术有提问法、列举法、头脑风暴法、情景分析法等。

1. 提问法

提问法是根据需要研究的对象列出有关问题,形成检核表,然后一个个核对讨论,从而发掘出解决问题的大量设想的创造性技术。提问法按检核表内容的抽象程度和适用范围可以分为两类:一类是对各种场合及对象普遍的提问法,主要是 5W1H 提问技术法,或称为提问法;另一类是针对某种特定要求制定的检核表法,如新产品设计用检核表法、物流改善用检核表法、降低成本用检核表法等,或称之为检核表法。

2. 列举法

列举法主要是通过会议等集体启发的形式,将所研究问题的特性、缺点或希望的状态罗列出来,然后提出相应的改进措施,从而形成具有创新性的系统方案。按照列举的内容,目前作为综合创造性技术的列举法主要有问题列举法和期望列举法等。按照系统工程的基本工作过程和系统分析原理,将缺点及希望点列举(或问题分析及目标探寻)法联系在一起结合使用,会取得更好的效果。

3. 头脑风暴法

头脑风暴法(brainstorming),也称智力激励法,是美国创造学专家奥斯本提出的一种创造性技术。具体来讲,头脑风暴法是针对一定问题,召集 5~10 个有关人员参加小型会议,会议的主持者头脑清楚,思维敏捷,作风民主,态度和气,既善于活跃会议气氛又善于启发引导,在融和轻松的会议气氛中,使与会者感到无拘无束、敞开思想、各抒己见、自由联想、畅所欲言、互相启发、互相激励，使创造性设想起连锁反应，从而获得众多解决问题的方案。会议应该有记录人员，会后参加整理提案。与会者要做到不墨守成规，不迷信权威，不禁锢头脑，不怕讥笑，相信事物的改进是无止境的，这样可以提出几十个甚至上百个方案。该方法的有效实施，需要对会议主持人、与会者和会议的时空条件等提出相应的要求。

4. 情景分析法

情景分析一般是在专家集体推测的基础上，对可能的未来情景的描述。对未来情景，既要考虑正常的、非突变的情景，又要考虑各种受干扰的极端的情景。情景分析法就是通过一系列有目的、有步骤的探索与分析，设想未来情景以及各种影响因素的变化，从而更好地帮助决策者制定出灵活而且丰富有弹性的规划、计划或对策。它是一种灵活而富有创造性的辅助系统分析方法，是一种综合的、具有多功能的创造性技术。

情景分析法的基本步骤为：建立信息库—确定主题目标—分析并构造影响区域—确定描述影响区域的关键变量—探寻各种可能的未来发展趋势—选择并解释环境情景—引入突发事件检验其对未来情景的影响—详细阐明主题情景。在情景分析过程中，还常常用到前面已述及的各种创新性技术。与其他方法相比，该方法具有灵活性、系统性和定性与定量研究相结合等特点，在现代工业工程实践中具有良好的应用前景。

2.4 工业工程的实施原则与程序

按照系统工程的思想方法和系统性与实用性相结合的要求，工业工程在实践中应遵循以下思想和原则。

1. 问题导向

工业工程是一种解决生产系统中实际问题的一个应用性技术体系，有很强的针对性，其目的在于从技术与管理的结合上寻求分析、改善和解决特定问题的最优或满意方案。对于对象系统及现状的综合诊断、深入分析和恰当说明是工业工程工作有效性的基本条件；根据对象的状况和问题的需要来确定具体的工作程序和选择适宜的方法与技术，是工业工程工作成功的重要保障。如目前在我国工业工程的应用中，对于条件较差和基础薄弱的企业，首先宜推广基础工业工程的应用;对于一些骨干企业和大型企业,应该逐步推进现代工业工程的开发与应用,并为此准备好必要的基础和环境条件。

2. 着眼整体

现代工业工程从全局出发,把问题作为一个整体处理,全面考虑主要因素及其相互影响,强调以最少的综合投入和最好的总体效果来完成预定任务,追求系统效益。

3. 组织先行

推广与应用工业工程是企业自发的、有组织的活动,在我国现阶段又首先表现为一种企业家的行为。企业决策者的觉悟程度、坚定性和以此为基础能否形成一个强有力、科学和高效的组织体系等,是应用工业工程的先决条件和前期工作。

4. 全员参与

工业工程活动自然离不开一支比较专业化的骨干队伍如工业工程师,但有效的工业工程实践必然是全体员工参与的过程和企业集体努力的结果。工业工程认为生产系统的核心要素是人,并日益重视人员的作用。工业工程提倡协作精神,鼓励人人动脑筋,以时时处处来寻找更有效、更容易实施的方案。各种新的改进方案的实施更离不开全体员工的认同、参与和配合。推广应用工业工程,一定要取得员工的理解和支持,切忌盲目和秘密进行。

5. 苦练内功

工业工程立足于一定的环境条件下,需挖掘内部潜力,提高系统自身素质。因此,推广与应用工业工程,首先应眼睛向内,通过挖潜、改造来提高生产率。现阶段中国工业界把工业工程与技术改造和强化内部管理结合起来,具有重要的现实意义。

6. 规范管理

工业工程的核心是系统化和规范化的管理。推广应用工业工程要同标准化、生产管理等活动相结合并相互促进。工业工程的工作成果要及时形成标准并无条件地执行。随着内外部环境条件的改变,也应使标准有所调整,并逐步与国际并轨。

7. 思变求新

改善是工业工程的永恒目标,创新是工业工程的本质功能,永不自满、永无止境、不断改善、持续发展的改革意识和进取精神是工业工程工作者的基本素质,也是工业工程古老而年轻的基本依据。在推广与应用工业工程的过程中,尤其不能以"过去一直是这么干的"为由而不思进取,拒绝变革。

8. 特色取胜

工业工程始终以分析和解决生产系统中的现实和具体问题为"己任",作为一门技术与管理有机结合的综合技术,工业工程的环境适应性要求日益提高。为此,应一切从国家、区域、行业、组织的实际出发,注意形成有针对性和特色化的技术方法与工作模式,以期在差异化和独特性中获得竞争优势。

9. 方法集成

现代工业工程所面对的问题均有系统性、复杂性等特征,如现代企业的效益、素质问题。因此,只有针对问题的不同方面,应用工业工程及其相关的各种知识、方法与技术并形成体系,通过集成式手段和综合化治理,才可能使问题得以有效解决。这也是过去若干年在中国推广各种现代化管理方法过程中的基本教训之一。

10. 系统推进

现代工业工程的开发与应用是一项复杂的系统性工作,需要按照"综合诊断—明确目标和重点—组织与方法设计—外部衔接分析与协调—运作管理与不断改善"的模式来系统推进。以对现有大中型制造业企业的综合诊治为重点和突破口,以充分调动各类人员和各个方面的积极性、能动性和创造性,最大限度地发挥人—机—环境的整体效能为基本原则,走一条"讲系统、讲综合、打基础、上水平"的路子,实现包括效率与效益、技术与方法、经济与社会、微观与宏观等多维、多层次目标要求在内的现代工业生产率的持续提高,这应是符合我国当前国情的工业工程系统推进模式的基本框架。

工业工程为企业改善提供了一整套理论与方法,在具体实践中,要根据实际问题综合应用这些技术实现过程的改善。图2-7为工业工程活动程序的详细说明。

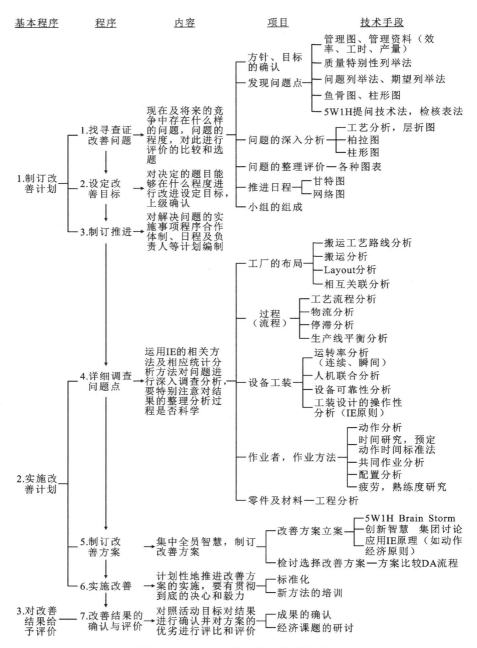

图 2-7　工业工程活动程序的详细说明

第三章 工作研究

3.1 工作研究概述

3.1.1 工作研究的内涵

1. 工作研究的含义

工作研究（Work Study）原称工时学，是动作与时间研究的简称，是以科学的方法,研究分析其工作方法与程序,评定其工作量,借以找出最经济、最有效且使人感到胜任愉快的工作方法与工作时间,以期能降低工作人员的疲劳且激励工作人员从事生产,进而增进其工作效率,提高生产率的方法。

工作研究的显著特点是,在需要很少投资或不需要投资的情况下,可以使企业的生产率显著提高,从而提高和增强企业的经济效益和竞争力。因此,世界各国的企业都把工作研究作为提高生产率的首选技术。

工作研究包括方法研究和作业测定两大技术。

方法研究是帮助寻求完成任何工作的最经济、最有效、最合理的方法,以达到减少人员、机器、无效作业和物料消耗的目的,并使该方法标准化。

作业测定是测定方法标准化后的作业时间,并制定出工序的标准时间,以达到减少人员、机器和设备的空闲时间的目的。

方法标准、时间标准最终使人、机、物达到最优组合,产生最佳效能,为企业应用其他 IE 技术奠定基础。

2. 工作研究的意义与目的

工作研究是工业工程或工厂管理领域中最早也是最基本的技术,其主要目的是提高作业人员的工作效率。对企业本身而言,可通过作业人员工作效率的提高,进而提高生产率以及降低成本;对作业人员而言,更可因为其工作效率的提升及产量的增加而提高其收入。此外,经过工作研究后的结果,作业人员的工作方式及工作环境都可获得改善。因此,工作研究直至今日仍是工厂管理方法中不可或缺的一项技术,其影响层面包括下列各项企业经营的重要指标:生产率(Productivity)、质量(Quality)、成本(Cost)、交货期(Delivery)、安全(Safety)、士气(Morale)。

长期以来,生产率的提高一直是工厂为增加利润、降低成本而积极努力的目标之一。生产率是一种表示生产效率的指标,换句话说,生产率是衡量一个生产系统将输入的资源转换成输出产品的能力,其表达式为

$$生产率 = \frac{产出(output)}{投入(input)}$$

生产率衡量可分为总要素生产率和单要素生产率(如劳动生产率、原材料生产率、资本生产率和能源生产率等)。一般而言,生产率指标可由下列两种方式表示。

① 总要素生产率(Total Factor Productivity):此种表示方法考虑输出与所有输入资源(包括人工、物料、资金与能源等)的比例。

② 单要素生产率(Partial Factor Productivity):此种表示方法只衡量输出与某种特定输入资源的关系。

3.1.2 工作研究的内容

方法研究和作业测定这两种技术是相辅相成的。方法研究是应用程序分析、操作分析与动作分析等一些特定技术进行分析、设计、改善工作方法的工程式活动,其实施效果要运用作业测定来衡量。作业测定则是在方法研究的基础上,通过时间研究、工作抽样、预定时间标准资料法等特定的程序与方法,侧重调查、研究、减少及最后消除无效时间,最终设定出生产作业的标准时间。工作研究的范畴如图3-1所示。

3.1.3 工作研究的步骤

工作研究建立在将复杂的问题逐步地加以剖析,以寻求解决的方法上。实施工作研究共有如下8个基本步骤。

1. 选择所研究的工作或工艺

在选择某项作业进行工作研究时,必须考虑以下因素。

(1) **经济因素**

考虑该项作业在经济上有无价值,或首先选择有经济价值的作业进行

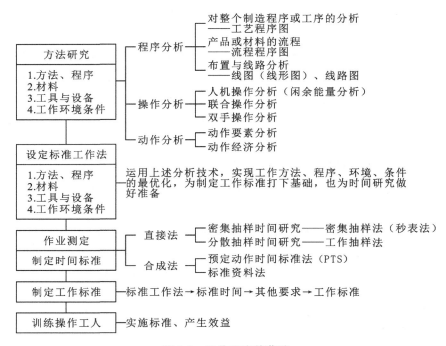

图 3-1 工作研究的范畴

研究。例如,阻碍其他生产工序的"瓶颈",长距离的物料搬运,或需大量人力和反复搬运物料的操作等。

(2) **技术因素**

必须查明是否有足够的技术手段来从事这项研究。例如,某车间由于某台机床的切削速度低于生产线上高速切削机床的有效切削速度,从而造成"瓶颈",要提高其速度,该台机床的强度能否承受较快的切削速度,必须请教机床专家。

(3) **人的因素**

当确定了进行工作研究的对象后,必须让企业的有关成员都了解进行该项工作研究对企业和对他们个人的意义。要说明工作研究不但会提高企业的生产率,而且也会提高他们个人的经济利益,不是让他们干得更辛苦,而是让他们干得更轻松,干得更有成效。要取得他们的支持,激发他们的工作热情,从而使工作研究更深入地进行。在工作研究的推进中,要特别注意由工人们提出的改进意见。

可利用工作研究的作业范畴是十分广泛的,它可以从工厂全部作业的调查研究,到个别工人的动作研究,表 3-1 给出了其一般的选择范围。

表 3-1　工作研究一般的选择范围

作业类型	举例	记录技术
整个过程	从原材料投产到任务完成,产品产出,包括:准备、检查、产品接收、包装和发运	工艺程序图、流程程序图、流程图解(线路图、线图)
工厂平面布置物料的移动	做某零件经过全部加工工序的移动 某零件在某工序间的移动	流程程序图(物料型)、线路图、线图
工厂平面布置工人的移动	给某种机械或设备供应某种零件的工人	流程程序图(人型)、线路图
工作场所平面布置	钳工台上轻便装配工作,手工排序	流程程序图、双手操作程序图、联合操作程序图
集体作业或自动机械工序	装配线,操纵半自动车床的工人	流程程序图(设备型)、联合操作程序图
工人在工作时的动作	短周期循环重复工作的女工,要求高超手艺的操作	动作分析图、人机操作程序图

2. 观察现行方法,记录全部事实

利用最适当的记录方法,记录直接观察到的每一件事实,以便分析。最常用的记录方法是图表法和图解法,主要有如下几类:

(1)表示工艺过程的图表

如工艺程序图、流程程序图(包括人型、物料型和设备型)、双手操作程序图。

(2)利用时间坐标的图表

如人机操作程序图、联合操作程序图等。

(3)表示活动的图解

如线路图(径路图)、线图等。

3. 严格分析所记录的事实

对记录的每一件事逐项进行考查的内容包括:事情的目的、发生的地点、完成的顺序、当事人、采用的方法等。严格考查所用的方法是"5W1H"提问技术,见表 3-2,这种系统的提问技巧是方法研究分析成功的基础,然后按照 ECRS(消除、合并、重排、简化)原则来建立最经济的新方法。

表 3-2 "5W1H"提问技术

序 号	项 目	问 题	
1	对象	做什么?	What
2	人员	谁来做?	Who
3	目的	为什么这样做?	Why
4	时间	什么时候做?	When
5	地点	在哪里做?	Where
6	方法	如何做?	How

4. 制定最经济的方法

明确解决问题的关键所在之后,就可着手设计一种新方法,科学合理地解决问题。一般要设计若干个方案,然后进行分析比较、可行性论证,从中选出最佳方案。在方案设计过程中,要注意发挥集体的智慧,促使职工提出各种改进生产的方案。

5. 评选新方案

选择最佳方案的原则是适用性。具体选择时应考虑以下几种因素:

(1)**经济性**

在评选各方案时,必须对每个方案做成本预测,并进行比较,选择节省费用最多的方案。

(2)**安全与管理**

设计出的工艺路线中所涉及的机器设备和工具的安全性和维护保养方式,以及产品质量及其管理问题都应考虑。

(3)**有关单位的协作配合**

任何改进方案的实施均应在所实施方案部门的领导支持下进行,还需各有关单位的协作配合。

6. 计算标准作业时间

明确所选方法的工作量及有关的作业时间，并通过作业测定制定该项工作的标准作业时间。

7. 建立新方法

(1) **写报告书**

应对现行的和改进的方法做详细的叙述，讲述提出改进的理由。报告书应包括下列内容：

①两种方法（现行的和改进的）生产过程的比较。

②两种方法费用上的比较（包括材料成本、工作时间、设备、工作场所的布置等）。

③全体工作人员对新方案所持的态度（如劳动强度有无减轻、操作方法有无改善、管理是否容易）。

④新方案的工作标准以及工作的时间标准。

(2) **确定工作标准**

确定工作标准具体包括：制品的标准化；原材料的标准化；机器设备和工具的标准化；工作环境的标准化（照明、温度、湿度、音响等）；动作的标准化；作业指导书。

(3) **确定工作的时间标准**

确定工作的时间标准具体包括：人员或机器的每日工作量；生产单位零件或产品的标准时间；工厂生产量一定时，完成生产任务所需要的人数。

8. 实施与维持新方案

按新方案进行工作，在实施中观察新方案的各种效果，检查新方案是否达到原定目标；所制定的标准与实际情况是否有差异、有无调整的必要等。如发现有不适用之处，应加以修正；如适用，则应以合理的管理步骤来维持。

3.2 方法研究

3.2.1 方法研究概述

1. 方法研究的定义

方法是人们进行工作和生活所运用手段的一部分,不论在任何场所,人们都要使用方法来完成自己所要做的任何事情。好的工作方法可以帮助人们减少物质、能源、时间及资金的消耗和浪费,从而降低成本;减少人的精力的消耗,减小遭受损伤和工伤的概率;帮助人们利用有限的资源获得最高的产出,以提高生产率。

方法研究的定义是:对现有的或拟订的工作(加工、制造、装配、操作等)方法进行系统的记录和严格的考查,并以此作为开发和应用更容易、更有效的工作方法,以及降低成本的一种手段的研究性工作。

方法研究也可定义为:运用各种分析技术,对工作方法进行分析、设计和改进,寻求最佳的工作方法并使之标准化的一系列活动。

方法研究的对象可分为两类:一类是以物为研究对象的研究(包括管理信息在内),主要是指对产品生产过程、零件工艺过程及管理业务流程进行研究;另一类是以人为对象进行研究,主要是指对操作者活动的研究。

2. 方法研究的目的

① 改进工艺和程序。
② 改进工厂、车间和工作场所的平面布置。
③ 改进整个工厂和设备的设计。
④ 经济地使用人力,减少不必要的人员疲劳。
⑤ 改进物料、机器和人力的利用情况,提高生产率。
⑥ 改善实际工作环境,实现文明生产。
⑦ 降低工人的劳动强度。

3. 方法研究的特点

(1) 方法研究的意识——不断求新

永不满足于现状,永无止境的求新意识是方法研究的一个显著特点。方法研究不满足于现行的工作方法,力求改进,不断创新。

(2) 方法研究的指导思想——挖掘企业内部潜力

方法研究力求在不投资(不增加人、机器),或少投资的情况下,获得好的经济效益,着重于挖掘企业内部的潜力。

(3) 方法研究的着眼点——系统整体优化

方法研究首先着眼于整个工作系统、生产系统的整体优化(程序分析),然后再深入地解决关键的局部问题(操作分析),再进而解决微观问题(动作分析),从而达到系统整体优化的目的。

4. 方法研究的内容

表 3-3 所示为日本规格协会介绍的方法研究的分析层次及分析技术。

(1) 程序分析(流程分析)

完成任何工作所需要经过的路线和手续即为程序。任何人或任何一个机构办任何一件事都需要经过一定的程序。

在产品的制造方面,从原材料进厂、入库、领料、加工、装配、检验到成品入库、发货,都有一定的程序。

这些程序手续越繁琐、路线越长,所消耗的人力和时间越多,结果成本就越高。如果我们认真观察和分析任何一项工作,都或多或少地存在无效的时间浪费和无效的动作浪费。

程序分析主要以整个生产过程为研究对象。研究分析一个完整的工艺程序,从头到尾全面研究、分析是否有多余的或重复的作业。程序是否合理、搬运次数是否太多、等待时间是否太长等,并进行工作程序和工作方法的改进。其目的是:

① 取消不必要的程序(工艺、操作、动作)。
② 合并一些过于细分或重复的工序。
③ 改变部分操作程序,以避免重复。
④ 调整布局,以节省搬运。
⑤ 重排和简化必要的程序,重新组织效率更高的完整程序。

(2) 作业分析（操作分析）

作业分析主要研究以人为主体的程序，使操作者（人）、操作对象（物）、操作工具（机）三者科学地组织、合理地布局与安排，以减少作业时间的消耗，减轻操作者的劳动强度，保证工作质量。

(3) 动作分析

研究、分析人在进行各种操作时的身体动作，以消除多余的动作，减轻劳动强度，使操作更简便有效，从而制订出最佳的动作程序。

表3-3 方法研究的分析层次及分析技术

	工序流程	作业单位	作业要素	动作单位	基本动素
作业划分	以组、部件制造过程中的加工、检验为基础的作业划分	以零件工艺流程中的操作（加工）、检验、搬运、等待等作业单位为基础的作业划分	以工序作业单位中所包含的一系列作业要素为基础的作业划分	以一个作业要素中所包含的一系列动作单位为基础的动作划分	以单位动作中所包含的一系列动作要素为基础的动作划分
工艺分解	汽车的车身 → 板材切断／成形／焊接／组装／涂覆	搬入构件／点焊自动焊／检查制品／搬往下一道工序	放好构件A／放好构件B／进行焊接／取出成品	取构件B／搬到夹具上／安放好	伸手／握取／移动／放手
技术分析	程序分析		操作分析（作业分析）		动作分析

3.2.2 程序分析

程序分析是指对整个工作过程做全面性的分析。程序分析图有两种形式，包括产品流程程序图（记录所有有关产品或材料所发生的详细事件）和人员流程程序图（详细记录操作人员如何执行操作的顺序）。换句话说，它是分析从工作开始至工作完成过程间的不合理与浪费现象，将其改善以使工作程序更顺畅、更有效率。

由于整个工作的过程可能相当复杂,为了让分析者容易了解整个程序并进一步改善,通常需使用简单的符号来描述整个过程并将其绘制成所谓的程序图(Process Chart)。程序分析记录符号见表3-4。

表3-4 程序分析记录符号

编号	符号名称		符号	符号含义
1	加工(操作)		○	表示对生产对象进行加工、装配、合成、分解、包装、处理等
2	搬运		⇨	表示对生产对象进行搬运、运输、输送等,或表示作业人员作业位置的变化
3	检验	数量检验	□	表示对生产对象进行数量检验
		质量检验	◇	表示对生产对象进行质量检验
4	停放(等待)		D	表示生产对象在工作地附近的临时停放
5	储存		▽	表示生产对象在保管地有计划地存放
6	流程线		│	表示在工艺流程图中工序间的顺序连接
7	分区		～	表示在工艺流程图中对管理区域的划分
8	省略		=	表示对工艺流程图做部分省略

程序分析的工具包括工艺程序图、流程程序图、线路图、线图。

1. 工艺程序图

(1)工艺程序图的概念

工艺程序图又称梗概程序图或操作程序图,是通过对研究对象做简略、全面、一般性了解,以便首先从客观上发现问题,并为后面的详细分析(流程程序图、线路图)准备资料。工艺程序图以产品、物料或某种服务行为为核心,通过详细的工艺分析和严格细致的现场考查,寻找一个最经济合理、最优化的工艺方案,采用"操作"和"检验"两种主要的工序符号,绘制出简化、方便的工艺程序图。

(2)工艺程序图的绘制

一般工艺程序图由表头和图形两部分组成,表头的格式和内容根据程序分析的任务而定。通常有原材料、半成品编号、图号、程序说明、现行作业方法、日期、制表人、部门等。

整个生产过程的工序流程用垂线表示,原材料、零件(自制件、外购件)用平线表示,与垂线中途不能相交。

作图前先选择作业线上操作次数最多的零部件作为基准件,将该件的流程程序绘于图的最右侧,作为基准线,然后在顶端向左绘出一条水平线,表示材料、零件进入作业线,然后按顺序绘制操作、检验符号。两符号之间的垂线长度为 6 mm。

引入作业线的零件、原料,还可根据需要记载名称、单位、图号、规格等。最好使标记方法规范化。

根据需要可在操作、检验符号的右边记录该项工作的内容(如车外圆、检验外径等),还可同时注明所用工具(如车床型号、游标卡尺量程、精度等);在符号左边记录工时定额时间。

操作和检验可按出现的顺序分别编号。遇到水平线时则转到水平线上的作业线,继续按流程从上至下编号。

全部工作记录齐全之后,还可编制汇总表,汇总操作、检验的次数和时间,供详细分析用。

综上所述,工艺程序图的绘制如图 3-2 所示。

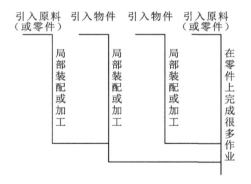

图 3-2　工艺程序图的绘制

2.流程程序图

(1)流程程序图的概念

流程程序图(Flow Process Chart)是程序分析中最基本、最重要的分析技术,它是进行流程程序分析中最基本的工具。

流程程序图用以描述制造或工作程序中所有活动,包括操作、搬运、检验、等待与储存等的情形。基本上流程程序图不适用于复杂的装配线整体,而适用于装配线或系统内的某项零件,且其在记录隐藏成本时特别有价值,如搬运距离、等待及暂时性的储存。流程程序图在描述整个程序中的情形时较操作程序图更为详尽,其目的是便于分析者了解并消除程序中搬运、等待与储存等的浪费。因此,在流程程序图中也应对搬运距离与搬运及等待时间等进行数据记录。

流程程序图根据其研究对象可分为材料或产品流程程序图(物料型)和人员流程程序图(人型)。

①材料或产品流程程序图(物料型):记录产品或零件在加工或搬运过程中被处理的步骤。

②人员流程程序图(人型):记录操作人员在生产过程中的一连串活动。

(2)**流程程序图的绘制**

流程程序图与工艺程序图极为相似,其差别仅是增加了"搬运、储存、等待"三种符号,以及在图中符号左边标注时间处,又加上了搬运距离。因此,在绘制流程程序图时,应按照以下几点要求绘制。

①记载距离时,只要求用目测,不需要精确测量。一般 1 m 以下的距离可忽略不计。

②一般工件在制造过程中的储存、等待所占的时间对成本和资金周转有重要影响。但在流程中要记录这种时间比较麻烦,一般可采取只记录到达或离开仓库或某工位的时间,即可算出在仓库或某工序停滞的延续时间。

③由于流程程序图是最基本的常用分析图,一般用预先印制好的空白表——流程程序图表,如表 3-5 所示。

表 3-5　流程程序图表

编号:　　　　　　　　　　　　　　　　　　　　　共　页　第　页

工作部群:_____ 工作名称:_____ 编　　号:_____ 开　　始:_____ 结　　束:_____ 研 究 者:_____ 年__月__日 审 阅 者:_____ 年__月__日	统　计　表			
	项　　别	现行方法	改良方法	节省
	操作次数:　○			
	搬运次数:　⇨			
	检验次数:　□			
	等待次数:　D			
	储存次数:　▽			
	运输距离:　(m)			
	共需时间:　(min)			

续表

步骤	现行方法					工作说明	距离/m	用时/min	改善要点				步骤	改良方法					工作说明	距离/m	用时/min
	情况													情况							
	操作	搬运	检验	等待	储存				剔除	合并	排列	简化		操作	搬运	检验	等待	储存			
	○	⇨	□	D	▽									○	⇨	□	D	▽			
	○	⇨	□	D	▽									○	⇨	□	D	▽			
	○	⇨	□	D	▽									○	⇨	□	D	▽			
	○	⇨	□	D	▽									○	⇨	□	D	▽			
	○	⇨	□	D	▽									○	⇨	□	D	▽			
	○	⇨	□	D	▽									○	⇨	□	D	▽			
	○	⇨	□	D	▽									○	⇨	□	D	▽			
	○	⇨	□	D	▽									○	⇨	□	D	▽			
	○	⇨	□	D	▽									○	⇨	□	D	▽			
	○	⇨	□	D	▽									○	⇨	□	D	▽			
	○	⇨	□	D	▽									○	⇨	□	D	▽			
	○	⇨	□	D	▽									○	⇨	□	D	▽			
	○	⇨	□	D	▽									○	⇨	□	D	▽			
	○	⇨	□	D	▽									○	⇨	□	D	▽			
	○	⇨	□	D	▽									○	⇨	□	D	▽			
	○	⇨	□	D	▽									○	⇨	□	D	▽			
	○	⇨	□	D	▽									○	⇨	□	D	▽			
	○	⇨	□	D	▽									○	⇨	□	D	▽			
	○	⇨	□	D	▽									○	⇨	□	D	▽			

3. 线路图

(1) 线路图的概念

线路图(Flow Diagram)是将流程程序图绘制在工厂的平面布置图上,通常是按比例缩尺绘制工厂建筑或工作场所的平面布置图。将机器设备、工作地点等,按其正确位置,一一绘于其上,并用流程线指出各活动之间物料的移动和人员的流经路线。绘制线路图的目的是使分析者能够清楚地看出人员与物料实际在工厂内移动的过程,以研究是否需要改变工厂布局来减少搬运的距离以及使流程更顺畅。

线路图主要用于"搬运"和"移动"路线的分析,研究如何从工作地或设备的布置上来缩短搬运距离。因此,在图上可以不标记等待,只标记操作、检验、储存三项的位置,对于搬运则直接用箭头或箭线画在流程线路上。

(2) 线路图的绘制

①若将流程程序图上的各项工作标记在流程线路图上,则要在平面图的该项工作发生位置上绘出相应的符号,然后用线条将其连接。

②若在同一平面图上表示加工、装配等程序,则所有在制品的流程均应画出。如在制品种类甚多,可分别采用实线、虚线、细点画线以及不同颜色表示,而其移动方向则以短箭头重叠于各线上。

③若许多流程由同一条路径通过,可将流程数及其重量表示在线路上,并可用不同颜色的线表示不同的流程。

④对于不同搬运方法或方向(顺向、逆向),也可用各类不同的线、不同颜色或不同的箭头符号表示。

⑤线与线交叉处应以半圆形线以示避开。

⑥若有立体移动,可以利用三维空间图表示,如图3-3所示。

4. 线图

线图是采用比例绘图绘制平面布置图或模型,用线条表示并衡量工人或设备等在规定的活动中所走的路线的分析手段。线图是线路图的一种特殊的表示形式。线路图只是近似地按比例作图,标注相应的距离,而线图是用线条表示和度量距离,比较直观准确地按比例绘制。

线图既可以表示物料的运转情况,也可以准确地记录工人的生产或非

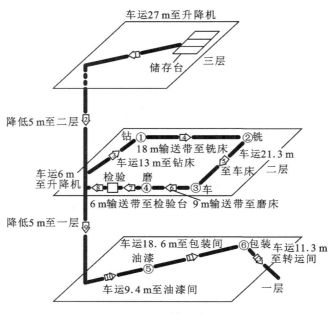

图 3-3 立体线路图

生产的操作情况。例如,连续生产过程中,材料的投入或取出,或存放于生产线旁;一名操作者多机操作;工人给机器或工作地发送材料或取材料;仓库物料搬运或存放等。

将程序流程图中有关机器、工作台、库房、各工作点,以及影响移动线路的门、柱、墙等均按比例绘制于木板或图纸上,按照其实际顺序依次从移动起点到终点放置于木板或图纸的方格中,即完成了工作过程的全部线路情况分析(见图3-4)。如果同一工作区有两个以上研究对象时,可采用不同颜色的线条绘制。图3-5 所示为线图举例。

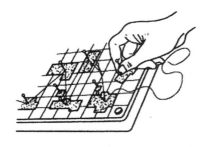

图 3-4 绕成线图的情形

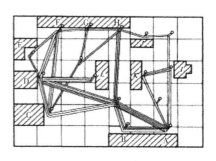

图 3-5 线图举例

3.2.3 作业分析

1. 操作分析的定义和类型

操作分析是方法研究中第二个层次的分析技术，它是在整个生产流程进行了程序分析之后，又对各道工序的作业进行详细研究，对影响作业质量和效率的全部因素（作业目的、作业方法、作业环境以及材料、运输、工装和检查等）进行分析，使每个工序的作业者、作业对象和作业工具三者达到最佳组合。作业分析的重点是改进作业方法，取消多余的笨拙的作业操作，以达到减轻工人劳动强度，提高产品质量和作业效率的目的，操作分析又称作业分析。

根据不同的工序作业对象和调查目的，操作分析可分为：
①人机操作分析；
②联合操作分析；
③双手操作分析。

2. 人机操作分析

(1) **人机操作分析的意义**

人机操作分析是指在机器的工作过程中，了解一个操作周期（加工一个零件的整个过程称为一个操作周期或周程）内机器操作与工人操作的相互关系，以充分利用机器与工人的能量及平衡操作。人机操作分析需要利用人机操作程序图。人机操作程序图可将生产过程中，工人操作的手动时间和机器的机动时间清楚地显示出来。在现代化生产中，机器设备几乎都是全自动或半自动的，操作机器的工人成了"监督"机器的工人，在每一操作周期中，总有大部分的闲余时间，这些闲余时间如能加以利用，不但可以提高生产率，而且能降低成本及提高工人的收入。

(2) **人机操作程序图的构成**

①以适当的线段长度代表时间比例。如 1 cm 代表 10 min 等。

②在纸上采用适当的间隔分开工人与机器，作出垂线。最左方为工人操作时的动作单元及垂线，在此垂线上按所取的时间比例，由上向下记录工人每一动作单元所需的时间。当工人操作时用实线（或其他方式）表示，空闲时用虚线（或其他方式）表示，机器的表示方法也一样。

③待人与机器的操作时间均已记录之后,在此图的下端将工人与机器的操作时间、空闲时间及每周期人工时数予以统计,供分析时参考。

表3-6所示是一人看管两台机床的情况,使用此表可很方便地调查零件在铣沟槽时,操作者和机器所用的时间。

由表3-6可知,零件在铣沟槽时,工人的工作时间占加工周期的41%,机器占59%。

表3-6 在零件上铣沟槽的人机操作程序

作业名称:在零件上铣沟槽　　编号:　　围号:　　日期:
开始动作:装夹零件待铣　　动作结束:卸下加工件　　研究者:

动作单元	操作者	1#机床 (No.6铣床)	2#机床 (No.6铣床)
按停1#机床	0.0004	停机被操作铣沟槽空闲 0.0024 / 0.0032 / 0.0040	铣沟槽空闲 0.0040
将1#机床台面空 12 cm	0.0010		
松夹具,卸下零件放在一边	0.0010		
捡起零件放在1#机床台面上夹紧	0.0018		
启动1#机床	0.0004		
铣床空进,调整进给	0.0010		
走到2#机床前	0.0011		停机被操作 0.0024
按停2#机床	0.0004	停沟槽空闲 0.0040	
将2#机床台面空 12 cm	0.0010		
松夹具,卸下放在一边	0.0010		
将零件捡起,放在2#机床台面上夹紧	0.0018		
启动2#机床	0.0004		
铣床空进,调整进给	0.0010		
走到1#机床前	0.0011		操作 0.0032

统计				
	操作者	每周期空闲时间:0.000	操作时间:0.0134	每周期工时数:0.0134
	1#机床	每周期空闲时间:0.0038	生产时间:0.0096	周期时间:0.0134
	2#机床	每周期空闲时间:0.0038	生产时间:0.0096	周期时间:0.0134

注:1.动作单元时间为包括宽放时间在内的"标准时间"。　　(单位:h)

　2.在一机多人作业时(多动作程序图、多人机程序图),左方记录机器的操作单元,代表时间的垂线填写机床工作时间,右侧表示工人操作。

3. 联合操作分析

(1) **联合操作分析的意义与目的**

在实际生产中，常由两个或两个以上操作人员同时对一台设备（或一项工作）进行操作，称之为联合操作作业。联合操作分析常采用联合操作分析图，此图是使用普通的时间单位，记录一个以上的工作者、工作物及机器设备的动作，以显示其相互关系的图形。因此，当需要了解某一工作程序内各个对象的各种不同动作的相互关系时，最好的方法就是画联合操作分析图。联合操作分析可用于以下几种目的：

① 发掘空闲时间与等待时间。
② 便于分析研究，使几名作业者的工作趋于平衡。
③ 缩短周期时间，使机器获得最大利用率。
④ 易找出最佳的工作方法及选配合适的作业者和机器，使人、机作业达到最佳组合。

(2) **联合操作分析图的画法**

联合操作分析图的绘制方法基本与人机操作程序图相同。在图的顶端也应有表头，写明作业名称、研究人姓名、时间线所代表的单位、现行方法、改良方法等。

画图时首先要决定一周循环工作的起、终点作为一周期，也作为图形的起点与终点。将每位工作人员或机器设备名称填入各纵栏的顶端。然后根据时间线，按照各动作所需时间分别填入各纵栏内，并用不同形式（如空白、涂黑、斜线、点行）来表示"工作""空闲"或"等待"等。

在填入资料时，应一次填入一个研究对象的动作，填写完毕时，再填写第二个对象的动作，依次类推。

4. 双手操作分析

(1) **双手操作分析的意义与作用**

生产中工序的作业主要靠工人的双手来完成。记录、分析如何用双手进行实际操作，以提高作业效率，则称为双手操作分析。分析时常采用双手操作程序图。

双手操作程序图以双手为研究对象，记录其动作，表示其关系，并可指导操作者如何有效地动用双手,从事生产性的工作,提供一种新的动作观念,找出一种新的改善途径。

双手操作分析的作用有:

①研究双手的动作及其平衡。不但使每一只手的动作经济有效,而且讲究双手的协调配合。

②发现找寻、伸手以及笨拙而无效的动作。

③发现工具、物料、设备等不合适的放置位置。

④使双手动作规范化。

(2)双手操作程序图的画法

①绘制双手操作程序图的要点。

必须深入生产现场,观察全部操作,了解情况,并决定操作中的循环周期及起点与终点。

作图时,先在左上角记录有关资料,如现行方法、改良方法、工作名称、研究日期与编号、操作人、研究人、核准人的姓名及起点(开始)、终点(结束)、工具、材料、工件的规格、精度等。

右上角画工作场所的平面布置图(如工作台上的布置),表示操作对象、操作工具的名称。

图的中间分别记录左右手的动作。一边观察一边记录,一次观察一只手的动作。通常先记录右手,将其动作记录于纸的中间靠右边,并反复补充、核对、改正,切勿遗漏。再以同样的程序及要求记录左手的动作于纸的中间靠左边。必须注意,左右手的同时动作应画在同一水平位置,并且要多次核对左、右手动作的关系,使记录准确无误。

记录完成后,应将左、右手的动作分别进行统计,统计资料可放在左、右手动作的右方或右下方。

②简单画法。最简单的双手操作程序图,仅用下面两种符号:

〇——小圈表示伸手或运送;

〇——大圈表示握取、对准、使用及放下物件的动作。

③一般画法。上述简单画法由于未按动作性质分类,故分析时不易区别。常用的双手操作程序图的一般画法多用三种或四种以上符号表示:

〇——表示操作,即握取、放置、使用、放手的动作;

⇨——表示搬运、手移动的动作;

D—表示等待，即手的延迟、停顿；

▽—表示持住，即手持住工件、工具或材料的动作。

□—表示检验，此符号用得不多，因为工人在检验物件时，握住物件进行观察或测量，可根据具体情况用操作或其他符号表示。

3.2.4 动作分析

1. 动作分析的概念

动作分析是对人的作业动作进行细微分析，省去各种不科学的、笨拙的和无效的动作，制定出轻松、省时、安全、高效的动作序列，以形成最经济、最有效的作业动作的一种分析技术。

动作分析的实质是研究分析人在进行各种操作时的细微动作，删除无效动作，使操作简便有效，以提高工作效率。

动作分析的目的是发现操作人员的无效动作或浪费现象，简化操作方法，缓解工作疲劳，降低工人劳动强度。在此基础上制定出标准的操作方法，为制定动作时间标准做技术准备。

2. 动作分析的方法

动作分析是由吉尔布雷斯夫妇首创的，其分析的方法按精确程度不同有下列三种：

(1) **目视分析**

目视分析即以目视观测的方法寻求改进动作的方法。例如，详细观测各个操作单元，以双手操作分析方法和动作经济原则为分析工具。

(2) **动素分析**

完成的操作虽然千变万化，但人完成工作的动作，可由17个基本动作构成，这17个基本动作又称为17个动素。动素分析是将工作中所用的各个动素逐项分析以谋求改进。

(3) **影片分析**

影片分析即用摄影机将各个操作动作拍摄成影片放映并加以分析。它不仅可以记录人的全部操作活动（连最细微处都不会放过），而且事后可以根据分析的需要反复再现。因此，影片分析是一种非常有效的研究方法。

3. 常用的动作分析技术

动作分析是最为细密的工作分析。动作分析是针对操作者工作时的细微人体动作进行研究,其目的是剔除无效的人体动作,设计有效的工作方法以减少疲劳与闲置时间。

(1) **动作经济原则**

动作经济原则是通过对人体动作能力的研究,创立一系列能有效发挥人的能力的动作原则。由于它能使作业者的疲劳最少,动作迅速且容易,增加有效的工作量,因而被称为动作经济原则,又称为动作经济与有效原则。动作经济原则是由吉尔布雷斯首创的,后经许多学者研究改进,确立了3大类22项原则,即以身体活动最适宜的动作为基本出发点,表示作业时人体功能有效利用的动作方法及身体使用原则;作业区合理设计布置原则;从人类工效学的观点对工艺装备和设备等的设计原则。

①关于人体的运用原则。

(a) 双手应同时开始并同时完成其动作。

(b) 除规定的休息时间外,双手不应同时空闲。

(c) 双臂的动作应该对称、反向并同时进行。

(d) 手的动作应尽量以低的等级,而能得到满意的结果。

(e) 尽量利用物体的惯性、重力等,如需用体力加以阻止时,应将其减至最低程度。

(f) 连续的曲线运动比方向突变的直线运动为佳。

(g) 弹道式的运动比受限制或受控制的运动轻快自如。

(h) 建立轻松、自然的动作节奏(或节拍),可使动作流畅、自然。

②关于工作地的布置原则。

(a) 工具物料应放在固定位置,使作业者形成习惯,可用较短的时间取到。

(b) 工具物料及装置应布置在作业者前面附近。

(c) 运用各种方法使物料自动到达作业者身边。

(d) 工具物料应按最佳工作顺序排列。

(e) 应尽量利用"坠送"方法。

(f)应有适当的照明设备,使视觉舒适。
(g)工作台和座椅的高度应保证工作者坐立舒适。
(h)工作椅的样式和高度应使作业者保持良好的姿势。
③关于工具、设备的设计原则。
(a)尽量解除手的工作,用夹具或脚踏工具代替。
(b)如有可能,应将两种工具合并成一种多功能的工具。
(c)工具、物料应尽可能预先放在工作位置上。
(d)手指分别工作时,其各指负荷应按照其本能予以分配。
(e)设计手柄时,应尽可能增大与手的接触面积。
(f)机器上的杠杆、手轮及其他操作件的位置,应能使工作者极少变动姿势,且尽可能地利用机械力。

任何工作中的动作,凡符合这些原则的,皆为经济有效的动作;否则,就应改进。动作经济原则有两大功用:帮助发现问题;提供建立新方法的方向。

动作经济原则是根据长期的实际工作经验,将最为合乎省力有效的动作方法和安排,予以分析归纳而得。因此,但凡一项操作,符合这些原则,必为经济有效的操作;反之则为需要改善的操作。

(2)动素分析

吉尔布雷斯夫妇于1912年发表了《细微动作研究》,首先使用摄影机来记录及分析细微的人体动作单元,并且把手部的操作分解为17个基本动作,称为动素(Therbligs)。动素分析是将一项工作细分成若干动素,再逐项分析设法尽量消除无效的动素项目,或合并、重排有效的动素项目来加以改善的分析方法。表3-7所列为17种动素名称与符号,其中伸手、移物、握取、放手、使用、装配、拆卸7项动素为有效动素,其余为无效动素。动素名称与符号见表3-7。

①伸手(Transport Empty,TE)。
定义:空手移动,伸向目标,又称运空。
②移物(Transport Loaded,TL)。
定义:手持物体从一处移至另一处的动作称为移物,又称运实。

③握取(Grasp,G)。

定义:利用手指充分控制物体。

④装配(Assemble,A)。

定义:为了两个以上的物件的组合而做的动作。

⑤使用(Use,U)。

定义:利用器具或装置所做的动作,又称应用。

⑥拆卸(Disassemble,DA)。

定义:对两个以上组合的物体做分解动作。

⑦放手(Release Load,RL)。

定义:从手中放掉东西,又称放开。

⑧检验(Inspect,I)。

定义:将产品和所制定的标准做比较的动作,又称检查。

⑨寻找(Search,Sh)。

定义:确定目标物的位置的动作。

⑩选择(Select,St)。

定义:在同类物件中,选取其中一个。

⑪计划(Plan,Pn)。

定义:在操作过程中,为决定下一步骤所做的考虑。

⑫定位(Position,P)。

定义:为了将物体放置于所需的正确位置而进行的动作,又称对准。

⑬预定位(Pre-position,PP)。

定义:物体定位前,先将物体放置到预定位置。

⑭持住(Hold,H)。

定义:手握物体并保持静止状态,又称拿住。

⑮休息(Rest,R)。

定义:因疲劳而停止工作。

⑯迟延(Unavoidable Delay,UD)。

定义:不可避免的停顿。

⑰故延(Avoidable Delay,AD)。

定义:可以避免的停顿。

表 3-7　动素名称与符号

符号	名称	缩写	颜色	符号	名称	缩写	颜色
⌣	伸手	TE	草绿	→	选择	St	浅灰
∩	握取	G	红	⚑	计划	Pn	棕
⌣	移物	TL	绿	ᓂ	定位	P	蓝
#	装配	A	紫	⏏	预定位	PP	淡蓝
∪	使用	U	紫红	⌒	持住	H	金赭
#	拆卸	DA	淡红	⌐	休息	R	橘黄
⌣	放手	RL	洋红	⌒	迟延	UD	黄
◊	检验	I	深褐	—	故延	AD	柠檬黄
◎	寻找	Sh	黑				

(3) 细微动作研究

由于使用动素分析时需将每个动作细分,而有些动作相当细微,很难以肉眼观察到,因此吉尔布雷斯夫妇便利用电影摄影机将操作者的动作全程拍摄下来,然后再逐项进行分析研究,此种方法便称为细微动作研究。但是,这个方法的缺点是成本过高,所以通常也只限于重复性高且操作周期短的作业。

3.3　作业测定

3.3.1　作业测定概述

作业测定是指把作业分成适当的作业单位(作业要素),以时间为尺度进行测定、评价、设计及改善。

作业测定是科学管理的创始人泰勒为了设定"一日公正的作业量"而最早提出来的,起初用秒表测时,对作业活动进行研究。由于使用秒表测定作业有一定的局限性,所以后来又开发了以时间为单位对作业进行测定、评价的各种方法。

国际劳工组织的工作研究专家为作业测定所下的定义是:"作业测定

(工作衡量)是运用各种技术来确定合格工人按现定的作业标准完成某项工作所需的时间。"它是采用时间研究(秒表时间研究)、工作抽样、预定时间标准法、标准资料法等特定的程序和方法来研究完成一定的作业所需标准时间的一种方法。

合格的工人的定义为:"一个合格的工人必须具备必要的身体素质、智力水平和教育程度,并且具备必要的技能和知识,使他所从事的工作在安全、质量和数量方面都能达到令人满意的水平。"

规定的作业标准是指经过方法研究后制定的标准和工作方法,及其有关的设备、材料、负荷、动作等一切规定的标准的状况。

在进行作业测定时,选择合格的工人是很重要的。工人的工作速度各不相同,如果根据动作速度较慢的工人或操作不熟练的工人来制定标准时间,势必造成时间过宽,从而不经济;而根据动作较快的工人制定时间标准,则势必造成时间过紧,这样制定的标准对工人是不公平的。

3.3.2 秒表时间研究

秒表时间研究是利用秒表或电子计时器,在一段时间内,首先对作业的执行情况做直接的连续观测,把工作时间以及与标准概念(如正常速度概念)相比较的对执行情况的估价等数据一起记录下来。然后给予一个评比系数,再加上按照组织机构所制定的政策允许的非工作时间作为宽放值,最后确定出该项作业的时间标准。

秒表时间研究最早由泰勒所创,是目前使用最为广泛的时间研究技术,其基本步骤如下:

1. 收集相关数据

所选择的工作必须要存在而且具有既定的工作标准。此外,需要选择合格的员工来观测。

2. 决定工作周期

确定组成一个工作周期的动作单元并决定需观测的工作周期数。

3. 确定评比系数

根据所决定的观测周期数来测量每个工作周期所用的时间,最后给予评比系数来调整员工的工作速度比正常速度快或慢的情形。例如,评比系数为85%,即表示比正常速度慢15%;反之,评比系数为115%则表示比正常速度快15%。

4. 计算正常时间

正常时间是操作者以其速度稳定工作且无停顿或休息所需的时间。

正常时间根据平均周期时间及评比系数来计算,即

$$正常时间 = 平均周期时间 \times 评比系数$$

5. 决定宽放时间

宽放时间是指员工在正常时间外,因个人需要、因疲劳而需休息及不可避免的延迟所需要的多余时间。

6. 计算标准时间

标准时间是在适宜的操作条件下用最合适的操作方法,以普通熟练工人的正常速度完成标准作业所需要的劳动时间。标准时间的概念来源于泰勒的"一日公正的作业量"的理论,他主张以"最好的工作方法""平均水平的操作者""正常的作业速度"为前提,以"一日公正的工作量"作为客观的工作标准。

标准时间根据正常时间与宽放时间来计算,即

$$标准时间 = 正常时间 + 宽放时间$$

3.3.3 工作抽样

工作抽样(Work Sampling)是一种寻求事实真相的工具,以此获得有关人员或机器的作业情况。工作抽样是调查得出人员、机器的生产及非生产性时间占总工作时间的比例后,设法减少非生产性时间,进而改善效率的技术。工作抽样是由蒂皮特(L. H. C. Tippett)于1934年所创的,是利用概率的原理来抽样调查工作中人员与机器设备的活动情形。它应用的范围与秒表时间研究不同,它适用于工作周期长及重复性低的作业,如办公行政、医疗、维护、仓库管理等。由于进行工作抽样时并不需要像秒表时间研究那样全程观察工作的程序与使用秒表来测时,也没有由专业技术人

员实施的限制，而是采取简单随机观察并记录人员或机器当时的工作状况。因此，它对人员工作的影响较小，并且较节省时间与成本，从而得到了广泛的应用。

3.3.4 预定动作时间标准法

预定动作时间标准（Predetermined Motion Time Standard，PMTS）法是采用预先建立好的细微动作单元的时间数据，而不用通过直接秒表测时及设定评比系数来决定标准时间的方法。在预定动作时间标准方法中，标准时间的决定首先需对工作程序做详细的分析，并将其细分成基本动作单元（动素），再由预定的动作时间表中查出每个动作单元所需的时间，最后将所有动作单元的时间加总再加上宽放时间即为工作的标准时间。但是，如果工作无法被细分成预定动作时间表中所含的动作单元，则此方法便不适用了。较普遍的预定动作时间标准方法为方法时间衡量（Methods Time Measurement，MTM）。MTM 是梅纳德（Harold B. Maynard）、斯坦门丁（G. L. Stegemerten）和斯克互布（John L. Schwab）在 1946 年所创的。

3.3.5 标准资料法

标准资料是对直接由作业测定（时间研究、工作抽样、PTS 等）所获得的大量测定值或经验值进行分析整理、编制而成的某种结构的作业要素（基本操作单元）正常时间值的数据库。利用标准资料来综合制定各种作业的标准时间的方法称为标准资料法。

在实际生产中，许多工作都有若干相同的作业要素。例如，"取材料"就是很多不同种作业的一个组成部分，无论车削还是磨削都有这一公共要素。在确定这些作业的标准时间时，通常要进行作业测定，当然也包括对这一公共要素的测定。如果掌握了一套公共要素标准时间的数据，就不需要一次又一次地对同一要素进行测时。假如能给工厂中重复发生的要素建立资料库，而且它所包含的要素很多、范围很广，那么对新的作业就不必进行直接的时间研究了。只需将它分解为各个要素，从资料库中找出相同要素的正常时间，然后通过计算加上适当的宽放量，即可得到该项新作业的标准时间。

3.4 现场改善

3.4.1 现场管理

现场管理的基本任务就是运用组织、计划、领导、控制、创新的职能,把投入企业生产过程的各种要素有机地结合起来,形成一个系统化的体系,按照最经济的方式不断地生产出满足社会需要的产品或服务。本节介绍三个最重要的现场管理方式:5S管理、目视管理、定置管理。

1. 5S管理

5S现场管理法源于日本,5S源于日文罗马注音的Seiri(整理)、Seiton(整顿)、Seiso(清扫)、Seiketsu(清洁)和Shitsuke(素养)这五个单词,因为五个单词首字母都为S,所以统称为5S。5S管理是指在生产现场中对人员、机器、物料、工具等主要生产要素与使用方法进行有效的控制和管理。

日本企业将5S作为管理工作的基础,并将其作为推进各种品质管理的基础手法,从而使日本的产品品质得以迅速提升,竞争力日益增强,奠定其经济大国的地位。在丰田公司的倡导推进下,5S后来逐渐被各国的管理界所认同。随着世界经济的发展,5S已经成为企业管理的一股新潮流和重要的现场管理技术。

(1) 5S的内容

①整理(Seiri):将工作现场中需要与不需要的东西区别出来,并将后者处理掉。

②整顿(Seiton):把需要的东西,按规定位置摆放整齐,并做好标识,安排为有序的状态。

③清扫(Seiso):保持机器和工作环境干净。

④清洁(Seiketsu):深入进行和维护上述三种活动,使现场保持完美、最佳状态。

⑤素养(Shitsuke):将上述活动深入进行,使其成为员工的内在素质。本项活动以人为中心,是5S活动的最高层次,是企业文化重要的建设内容。

5S 的详细含义如表 3-8 所示。

表 3-8　5S 含义表

中　文	日文罗马注音	英　文	含　义
整理	Seiri	sort	倒掉垃圾,长期不用的东西放入仓库
整顿	Seiton	set in order	30 s 内就可找到要找的东西
清扫	Seiso	shine	保持各种工具及工作环境整洁
清洁	Seiketsu	standardise	完美、常态、公开、透明
素养	Shitsuke	sustain	严守标准的精神和素质

(2) 5S 的作用

5S 的作用具体可以概括为以下六个方面。

① 提升企业核心竞争力。服务的好坏是赢得客户的关键所在,通过 5S 可以大幅度提高员工的敬业精神,使他们更乐于为客户提供优质服务,提高客户的满意度,从而提升企业的核心竞争力。

② 提高工作效率。物品摆放有序,减少不必要的查找和等待时间,提高了工作效率。同时,5S 还能及时地发现异常情况,避免故障,保证准时交货。

③ 保证产品质量。严守规范,工作现场干净整洁,物品堆放合理,作业出错概率减少,产品品质提升,产品质量自然得到保障。

④ 降低成本。5S 使资源合理配置和使用,减少设备故障维护等诸多生产浪费,能有效降低生产成本。

⑤ 保障安全。通道畅通无阻,各种标识清楚明了,工作环境宽敞明亮,工作人员视野开阔,物品堆放整齐,危险处一目了然,操作方法标准规范,人员安全与生产安全也得到了保障。

⑥ 提升企业文化。5S 使员工有良好的工作情绪,同时提升员工的归属感和士气,员工能够从自身的点滴进步中获得成就感,耐心完成本职工作。同时,5S 活动强调团队精神,要求员工秩序化、规范化,使所有员工形成反对浪费的习惯,充分发挥个人的聪明才智,提升个人的素质,有利于形成良好的企业文化。

作为企业,提高管理水平,创造最大的利润和社会效益是一个永恒的目标。只有在生产要素和管理要素两方面同时下功夫,才有可能赢得市场,从而获得经济效益和社会效益。企业通过推行 5S 活动,可以有效地使这些要素达到最佳状态,最终实现企业的经营目标。

(3)5S 的推行步骤

企业开展 5S 活动,应该根据自身的实际情况,制订切实可行的实施计划,分阶段推行展开。

一般步骤如下:

①建立组织,明确责任范围。建立 5S 推行委员会,其组织结构如图 3-6 所示。各部门也应成立相应的 5S 推行领导小组,组织本部门推行 5S 的工作,其成员由业务骨干、技术人员等组成,组长由部门负责人担任。明确各部门 5S 的责任范围,确定 5S 推行责任人,并张榜公布。

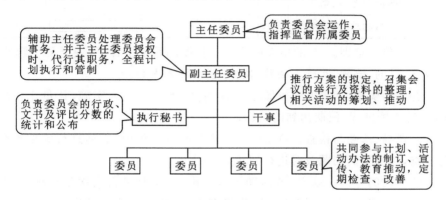

图 3-6　5S 推行委员会组织结构图

②制定方针和目标。制定 5S 推行方针与目标的指导原则。

③制订计划与实施方案,使员工知道做什么、如何做等。表 3-9 为推行计划的一个示例。

表 3-9　5S 活动推行计划表

序号	项　目	计　划								备注
		1月	2月	3月	4月	5月	6月	7月	8月	
1	5S 活动推行组织成立									
2	前期准备、区域划分									
3	宣传、教育									
4	样板区域选定									
5	样板区域 5S 活动推行									
6	样板区域阶段交流									

续表

序号	项 目	计 划								备注
		1月	2月	3月	4月	5月	6月	7月	8月	
7	制定标准			▭▭▭						
8	整理、整顿、清洁等				▭▭					
9	目视管理				▭▭▭					
10	日常 5S 活动实施				▭▭▭▭▭					
11	5S 活动考核、竞赛				▭▭▭▭▭▭					
12	5S 活动总结、持续					▭▭▭				

④宣传与培训。5S 的培训应是一个长期的系统工程,应使全员了解 5S 的含义、目的、要领、实施方法等,使 5S 活动深入人心。

⑤活动实施。5S 活动按照进度计划、实施方案正式实施,让员工了解 5S 活动实施进程、预期达到的目标。

⑥督导、诊断与检查。在 5S 活动整个推行过程中,必须进行定期诊断与核查,对发现的问题及时进行纠正。

⑦活动的评价。制定 5S 活动评价标准,每个月进行一次汇总统计,奖优罚劣。评审人员使用统一的评分标准表、评分记录表。评审成绩张榜公布。成绩用不同的颜色表示,如绿色表示 90 分以上;蓝色表示在 80~90 分;黄色表示在 70~80 分;红色表示 70 分以下。

⑧活动的不断改善。5S 是一项长期的活动,只有持续推行才能真正发挥其效力。各部门每周每月对发现的问题进行汇总,提出需要改善的项目,限期整改。同时,以 PDCA 循环作为持续改善的工具,实现持续改进的目标。

2. 目视管理

(1) 目视管理的定义和目的

目视管理又称可视化管理(Visual Management),是指对现场需要管理的物品、流程等进行标识,利用各种形象直观、色彩适宜的视觉感知信息组织现场生产活动,使操作者、管理者无须看管理手册上的要求,而仅通过眼前的标识就能知道管理规范要求的管理方法。目视管理在日常生活中得到广泛应用,如交通信号灯,红灯停、绿灯行;包装箱的酒杯标志,表示货物易碎不宜倒置等。

目视管理的主要目的有：

①明确告知应该做什么,早期发现异常情况并尽早排除异常;

②防止人为失误或遗漏并始终维持正常状态;

③通过视觉观察,发现问题点和浪费现象,可以事先消除各类隐患和浪费。

(2) 目视管理的作用

目视管理在生产现场通过将工作中出现的异常情况及六大管理目标等状态进行可视化描述,使生产过程正常与否一目了然。其中,六大管理目标指品质(Quality)、成本(Cost)、交货期(Delivery)、效率(Productivity)、安全(Safety)和士气(Morale)。当现场出现异常情况时,操作人员可以迅速采取对策,防止错误,将事故的发生率和损失降到最低程度。目视管理方式可以贯穿于各个管理领域中,常常与5S管理结合使用,从而提升现场管理水平。

目视管理的作用具体体现在以下四个方面：

①使管理形象直观,有利于提高工作效率。目视管理以图形、图像等形式表达管理内容,使信息传递快速、准确、直观,无须管理人员现场指挥,就可以有序、有效组织生产。

②使管理透明化,便于现场人员互相监督,发挥激励作用。实行目视管理,对生产作业的各种要求公开化、可视化。例如,企业按照计划生产时,可利用标示、看板、表单等可视化工具管理相关物料、半成品、成品等的动态信息,使一线员工了解生产现状,发挥激励、督促作用。

③延伸管理者的能力和范围,降低成本,增加经济效益。目视管理通过生动活泼、颜色鲜艳的目视化工具,如管理板、揭示板、海报、安全标志、警示牌等,将生产现场的信息和管理者的意图迅速传递给有关人员。借助一些目视化的机电信号、灯光等,可使一些隐性状态变为显性状态,使由异常情况造成的损失降到最低。

④目视管理有利于产生良好的生理和心理效应。目视管理通过综合运用管理学、生理学、心理学和社会学等多学科的研究成果,科学地改善与现场人员视觉、感知有关的各种环境因素,调动并保护员工的积极性,从而降低差错率,减少事故。

(3) 目视管理的内容

目视管理可以使生产现场的各种要求直观化,便于操作人员学习和正确处理各种状况,因此能大大提高现场的安全程度。一般而言,目视管理包括以下七个方面内容:①规章制度与工作标准公开化;②生产任务与完成情况图表化;③与定置管理相结合,以清晰、标准化的视觉显示信息,落实定置设计;④生产作业控制手段形象化与直观化;⑤现场各种物品码放和运送数量标准化;⑥现场人员着装统一化与挂牌制;⑦现场各种色彩的标准化管理。

目视管理对所管理项目的基本要求是统一、简明、醒目、实用、严格。同时,还要把握"三要点":①透明化,无论是谁都能判明是否异常;②视觉化,明确标示各种状态,能迅速判断正常与否;③定量化,不同状态对应不同定量数据或可确定范围,判断结果不会因人而异。

(4) 目视管理的实施

目视管理的实施一般分八个步骤:①设定工作目标;②建立执行组织;③制订活动计划;④设定目视管理项目;⑤把握问题点与改善点;⑥确定开展方法;⑦开展目视管理活动;⑧效果检查与整改。

实施目视管理首先要明确管理目的、期望目标、活动区间、推行方法等,并形成文件,成立诸如目视管理推行委员会的组织。制订包括目视管理活动计划、目视管理办法、奖惩条例、宣传事宜等活动计划。设定包括作业管理、品质管理、物品管理、设备和工装夹具管理、生产控制与交货期管理等目视管理项目。在现状调查的基础上,明确问题点与改善点。针对目视管理项目,使用"看板管理""图示管理"等方法,设计多种形式的目视管理用具。常用的目视管理用具如表 3-10 所示。

表 3-10 常用的目视管理用具

序号	项目	目视管理用具实例
1	目视生产管理	生产管理板、目标生产量标示板、实际生产量标示板、生产量图、进度管理板、负荷管理板、人员配置板、作业指示看板、交货期管理板、交货时间管理板、作业标准书、作业指导书、作业标示灯、作业改善揭示板、出勤表
2	目视物料管理	放置场所编号、现货揭示看板、库存表示板、库存最大与最小量标签、订购点标签、缺货库存标签

续表

序号	项　　目	目视管理用具实例
3	目视质量管理	不良图表、管制图、不良发生标示灯、不良品放置场所标示、不良品展示台、不良品处置规则标示板、不良品样本
4	目视设备管理	设备清单一览表、设备保养及点检处所标示、设备点检检验表、设备管理负责人标牌、设备故障时间表、设备运转标示板、运转率表、运转率图
5	目视安全管理	各类警示标志、安全标志、操作规范

在宣传、培训的基础上,开展目视管理活动,包括设计并张贴海报、标语;规划责任区;规划办公室、生产工序、设备、公共场所等的标示、管理看板和图表;制定目视管理活动评价规定;进行现场巡视、指导和评审;活动总结和改善。

为确保目视管理活动准确实施,企业按自身生产经营特点,根据"六个管理要素"(管理的主体、对象、手段、过程、目标及环境),制定切实可行的考核指标,设计制定相应的核查表,定期检查,常抓不懈。为正确引导目视管理活动,使活动持之以恒地推行,必须成立考核、评价的组织机构,确定其职责范围,制定公正合理的考核评价方法。认真负责地填报考核结果报告书,通知各部门,张贴海报,举行颁奖仪式,并与工资、奖励等挂钩,促进目视管理在企业中的应用。

3. 定置管理

定置管理以生产现场为研究对象,通过整理、整顿把与生产无关的物品清除掉,以科学定置为前提,把需要的物品放在规定的位置,使各生产要素有机结合,达到生产现场科学化、标准化和规范化。简单而言,定置管理是对生产现场中的人、物、场所三者之间的关系进行科学的分析研究,使之达到最佳结合状态的一门科学管理方法。人与物的结合是定置管理的本质和主体,物与场所的结合是定置管理的前提和基础。定置管理是5S活动中整理、整顿工作内容的深入与细化。

定置管理的实施可以:①使各种物品合理化定置,安全通道畅通无阻,生产现场井然有序,各种操作有条不紊,最大限度地减少生产经营现场中物的不安全因素;②建立规范、舒适、严格的工作环境,使员工潜移默化地形成一个自我约束、自我控制的心态,减少生产中人的不安全行为;③使生产均衡,劳动组织合理,岗位责任明确,生产波动小,生产效率高;④能使物流和各种物品摆放有序,避免碰伤、变形等,保证产品质量。总之,通过实施定置管理,能够构建一个"环境整洁、生产均衡、物流有序、纪律严明、设备完好、信息准确"的生产经营现场。

(1) **定置管理的内容**

定置管理的核心内容是强调物品的科学、合理摆放,使整个操作流程规范化,使各道工序秩序井然,不致延误、阻碍下一道工序的操作。

①人与物、场所结合的基本状态。

定置管理由人对现场进行整理、整顿,实现人、物、场所三者最佳结合。按人与物的有效结合程度,可将人与物的结合归纳为 A、B、C 三种基本状态:

(a) A 类状态——立即结合的状态。即将经常使用直接影响生产效率的物品放置于作业者附近(若合理就可以固定),作业者需要时能立即拿到。

(b) B 类状态——待结合状态。表现为人与物处于寻找状态或尚不能很好地发挥效能的状态。

(c) C 类状态——无关状态。对于这类物品应尽量把它从生产区或生产车间拉走。

②信息媒介物与人、物、场所的关系。

在生产活动中,众多的对象不可能都同人处于直接结合的状态,绝大多数依靠信息媒介物的指引和确认进行间接结合。在定置管理中,使用的特定信息包括引导型信息和确认型信息两类。

通过引导型信息,人被引导到目的场所。分为两个层次:一是"该物在何处",表明物品存放的场所;二是"该处在哪里",形象地指示存放物品的处所或区域的位置,如定置图。

通过确认型信息确认场所和物品。分为两个层次:一是"这里就是该场所",表明该场所就是物品的存放场所,如区域牌、货架标牌、名称、标号、图示等;二是"此物就是该物",表明物的确认信息,使人同该物有效地结合,如物品的名称、规格、数量、质量、颜色、形状等。

(2) **定置管理的原则**

①不断改进,坚持动态定置的原则。

定置管理将生产现场中场所、人、物三要素分别划定为 A、B、C 三种状态。定制管理是动态的管理,核心就是尽可能清除 C 状态,改进 B 状态,保持 A 状态。同时,由于生产条件不断变化,标准不断提高,A 状态的水准也应逐步完善与提高。

②从实际出发,讲究实用的原则。

定置管理与其他工作一样,要讲究实际,力戒形式。定制管理的重点应放在车间、班组的生产现场和库房、料场。部门的定制管理只要做到环境优美整洁、物品摆放有序即可。

③严肃认真,一丝不苟的原则。

定置管理工作,一定要严肃认真。定置铭牌制作,一定要正规。应加强色调定置管理。

④勇于创新,不断发展的原则。

⑤艰苦奋斗,勤俭办厂的原则。

定置管理工作坚持艰苦奋斗,勤俭办厂的原则,严控生产成本,讲究实用、节约、高效。

(3)定置管理的实施

①成立定置管理推行领导小组,制订定置管理的推行计划,并进行宣传、教育等工作。在全体员工中有组织、有计划地开展理论培训,以此转变观念,统一认识,并掌握定置管理的内容、原理、程序和注意事项等。务必求真务实。实践证明,推行定置管理时必须建立以主要负责人负责的领导机构,全员参加。

②现场调查,明确问题点。针对不同管理对象和管理目的,对生产现场现状进行详尽的调查研究,明确现存的问题,并进行归纳整理,提出改进方案。现场调查的内容如表 3-11 所示。

表 3-11 现场调查内容表

序号	调查的具体内容	序号	调查的具体内容
1	人、机操作情况	7	生产现场物品搬运情况
2	物流情况	8	生产现场物品摆放情况
3	作业面积和空间利用情况	9	质量保证和安全生产情况
4	原材料、在制品管理情况	10	设备运转和利用情况
5	半成品库和中间库的管理情况	11	生产中各类消耗情况
6	工位、器具的配备和使用情况		

③分析问题,提出改革方案。根据调查发现的问题,运用流程分析、

作业分析及动作分析等研究方法分析加工路线和加工方法,分析人和物的结合状态,分析物流和信息流,按照5W1H系统提问原则,即对待解决问题的目的、对象、地点、时间、人员和方法提出一系列的问题,并寻求解决问题的答案;按照ECRS原则对现状进行详细分析,提出科学的改进方案。

④定置管理设计。绘制带有定置管理特点和能反映管理要求的管理文件和目标图形,该图称为定置管理图,简称定置图。

绘制定置图,明确改善方案中现场各种场所、物品的具体位置。定置图的绘制是一项很重要的工作,对于生产厂有总厂、分厂、车间、工段、班组、工具箱、仓库定置图等多种,其要求各不相同,但图上的各种符号、图示须统一。车间、工段、班组等定置图,须以某一固定位置的设备作参照物,然后依次划出各个区域和各种物品的定置位置。定置图的种类如图3-7所示。

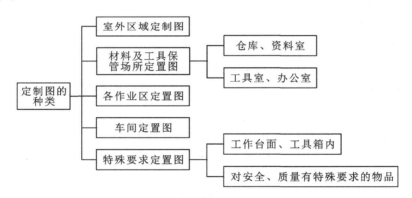

图3-7 定置图的种类

定置管理设计除绘制定置图外,还需要进行信息媒介物的设计。这主要包括:生产现场各种区域、通道、活动器具和位置信息符号的设计,各种货架、工具箱、生活柜等的结构和编号的标准设计,物品的台账、物品(仓库存放物)确认卡片的标准设计,信息符号设计和图示板、标牌设计、制定各种物品进出、收发办法的设计等。

⑤定置实施。定置方案的实施是理论付诸实践的阶段,也是定置管理工作的重点,主要包括按照定置设计的内容要求,清除与生产无关之物;制造专用的工位器具,如定置架、箱、柜等;对生产现场的物品按设计要求开展

5S 活动;按定置图进行定位和设置标志牌,使"定置必有图,有图必有物,有物必有区,有区必有牌,挂牌必分类,图物必一致"。

⑥维持、深化和提高。定置管理的目的是改变人的行为习惯,但绝非一日之功,也不可能一劳永逸,非持之以恒不可。为此,应做到以下三点:

(a)不断深化对定置管理重要性的认识,不断加深对定置管理原理和方法的理解,不断提高人员的思想素质和业务素质。

(b)坚持开展 5S 活动,按照 PDCA 循环的工作程序,使定置管理工作不断向高层次发展。

(c)加强检查、考核、评比。为使定置管理形成习惯,必须有一定的强制措施,经常开展检查、评比工作,把检查评比的结果同经济责任制、评先立功、劳动竞赛、两个文明建设、达标升级等进行挂钩考核,奖优罚劣。

3.4.2 现场 3M 管理

现场是企业进行设计、生产、销售产品或提供服务及与顾客沟通的地方。现场为企业创造出附加价值,是企业经营活动最活跃的地方。现场 3M 管理主要包括设备管理、物料管理和人员管理三个方面。

1. 设备管理

设备是企业生产的基础,设备管理工作是增强企业综合竞争力的重要保证。随着工业生产的发展,设备在现代化生产中的作用和影响日益扩大,设备管理在企业管理中也显得越来越重要。

(1)设备管理概述

设备是指企业在生产、运营、试验等活动中可供长期使用的机器、设施、仪器等物质资源。

设备管理的主要任务是从规划、设计、制造、选型、购置、安装、使用、维护、修理、改造直至报废处置等对设备进行全过程管理,经济高效地使用设备,为企业生产经营奠定坚实的物质基础。

设备管理工作一般坚持以下原则:

①坚持"安全第一,预防为主"的方针,确保设备安全可靠运行。

②坚持设计、制造与使用相结合;维护与检修相结合;修理、改造与更新

相结合；专业管理与群众管理相结合；技术管理与经济管理相结合。提高设备的利用率，为企业经营发展提供保证。

③坚持持续发展，努力保护环境和节能降耗。

④坚持以技术进步、科技创新作为发展动力，推广应用现代设备管理理念和自然科学技术成果，使设备管理和使用科学、规范、高效、经济。

⑤加强技术培训，不断提高设备管理人员、检修人员和操作人员的素质，为完成设备管理任务和企业的生产经营目标奠定必要的技术基础。

⑥企业作为设备管理工作的主体，应建立和完善设备管理体系，配备精干高效的管理人员，形成健全的设备管理组织。

(2) 现场设备管理方法

现场设备管理是以能够正确、高效地实施清扫、点检、加油、紧固等日常保养工作为目的，让操作员容易点检，发现异常情况，并通过可视化的标示、文字、图表等工具，使所有人员对同样的状态有同样正确的判断，能立即了解状态正常与否，加强设备的预防管理。

在日常的设备维护中，应采取以下一些措施：

①仪器仪表的标示。绿色表示正常，黄色表示警告，红色表示危险。

②用颜色清楚地标识应该进行维持保养的部位。

③使用的标示方法能迅速发现异常情况，如在设备的马达、泵上使用温度感应标贴或温度感应油漆等，使异常温度升高可以很容易被识别。

④在运转的设备相应处放置小飘带、小风车等，清楚地标示设备是否正在供给、运转。

⑤用文字符号标示油位等。

2. 物料管理

物料管理的方法很多，这里主要介绍 ABC 分类法和连续观测库存控制法。

(1) ABC 分类法

ABC 分类法又称帕累托分析法，由意大利经济学家帕累托提出。1951年，管理学家戴克首先将 ABC 法则用于库存管理，主要对不同的物料按照其价值不同进行划分，从而提高物料库存控制的水平，这个价值等于年平均库存量×单位采购(或生产)成本。ABC 分类法的原理是控制关键项。图 3-

8 为 ABC 分类法示意图。

A 类物料价值占总库存物料价值的 75%～80%，其种类占全部库存物料的 15%～20%。对 A 类物料须严格控制其收发料及报废业务，其库存记录须准确、详细、完整，并且实时更新，一般可以每月或每周盘点一次，应经常审计。A 类物料享有最高优先级，须重点管理。

B 类物料价值占总库存物料价值的 10%～15%，其种类占全部库存物料的 20%～25%。对 B 类物料须正常控制其业务，库存记录准确、正常，成批更新。一般可以每季或每月盘点一次，并给予一般的关注。B 类物料在关键时给予高优先级。

C 类物料价值占总库存物料价值的 5%～10%，其种类占全部库存物料的 60%～65%。对 C 类物料进行简便的控制，库存记录简化，成批更新，一般可以每年或每季盘点一次，其优先级最低。

A 类物料是重点控制的物料，因为 A 类物料库存的下降，将显著降低库存资金。

ABC 分类法告诉管理者，要把目标集中于"关键的少数"，即对 A 类物料实行严格管理，包括定期盘点，对历史数据进行统计分析，以便确定合理的订货量点和提前期。

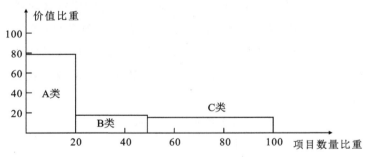

图 3-8　ABC 分类法示意图

(2) **连续观测库存控制法**

这种方法也称为定量控制法或订货点法。它的工作原理是：连续不断地监视库存余量的变化，当库存余量下降到某个预定数值时，就向供应商发出固定批量的订货请求，对库存进行补充。

定量存储控制模型如图 3-9 所示（假定需求均匀连续），R 点为补充库存的重新订货点,每次的订货量为 Q,订货提前期(备运时间)为:$\overline{ab}=\overline{cd}=\overline{ef}$。订货点 $R=$ 平均日需求量×备运时间。

这种库存控制的特点是根据库存项目的重要性,选择价值较大、关键零部件等作为控制对象,为它们规定一个适当的订货批量,以此把库存量控制在一个合适的水准上,进而达到控制库存资金等方面的目的。

订货批量可以选择经济订货批量(Economic Order Quantity,EOQ),方法如下。

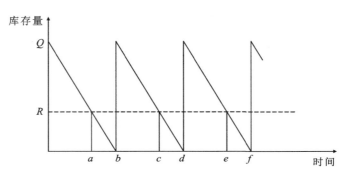

图 3-9 定量存储控制模型

如图 3-9 所示,模型所描述的需求连续均匀,设需求速度(单位时间的需求量)为 D;货项集中到货,所以补充时间为零;单位库存费(计划期内单位库存物资的库存费用)为 C;由于不允许缺货,故单位缺货费(单位时间内每缺少一单位库存物资的损失)为无穷大;订购费(每订购一次的固定费用)为 A;货物(库存物资)单价为 P;每次补充量(订货量)为 Q;设计划期总需求量为 N。则有

$$\text{订货次数}=N/Q \tag{3-1}$$

$$\text{订货费用}=A\times N/Q \tag{3-2}$$

$$\text{平均库存}=Q/2 \tag{3-3}$$

$$\text{库存费用}=C\times Q/2 \tag{3-4}$$

$$\text{库存物品价值}=P\times N \tag{3-5}$$

$$\text{总费用}=\text{库存物品价值}+\text{订货费用}+\text{库存费用}$$
$$=PN+A\frac{N}{Q}+C\frac{Q}{2} \tag{3-6}$$

总费用是订货批量 Q 的函数,对 Q 求导,令导函数等于 0,得

$$-\frac{AN}{Q^2}+\frac{C}{2}=0 \qquad (3\text{-}7)$$

解得经济订货批量为

$$Q^*=\sqrt{\frac{2AN}{C}} \qquad (3\text{-}8)$$

由于上述模型的条件过于理想化,实际应用中需求不均匀,还要考虑防止缺货损失而建立保险库存,这时的定量库存控制模型如图 3-10 所示,L 为备运时间。图 3-10 中的订货间隔时间明显不相等。这种控制方式的缺点是需要经常检查库存状态,比较适合 A 类物品。

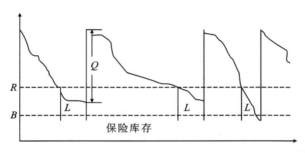

图 3-10　实际使用的定量库存控制模型

3. 人员管理

人员管理是现场管理的重要内容,在进行人员管理的过程中着重注意以下一些问题:

(1)新人须耐心指导

新人是指新录用的人及新转换工作岗位的人,对待他们应该:①消除新人的紧张情绪;②解说和示范:将工作内容、要点、四周环境逐一说明,待对方大致有印象后,实际操作一遍示范;③一起做和单独做;④确认和创新:检查新人的作业是否满足《标准作业书》的要求?新人能否一个人独立工作?新人有无其他偏离各种规定的行为等。

(2)发出的指令不可抽象

没有具体内容的指示会使部下无所适从,要么不作业,要么靠自己的想象发挥作业,必然导致作业结果出现偏差。

(3)注意缺席顶位

许多作业不良,就是由于顶位人员不熟练。平时有计划地培养全能工,可有效地规避风险、维持或者提高生产效率。

(4) **个别辅导与集中指导相结合**

能力差的个别辅导,使其达到平均水平。集中指导是为了明确集体目标,强调协同配合意识。

(5) **调动每一个人的积极性**

健全的奖惩制度是基础。

(6) **领导以身作则**

一个行动胜过十场动员大会。

(7) **良好的上下关系**

结合企业文化建设,建立起上下相互信赖和相互尊重的人际、工作关系,对提高工作效率、发挥团队整体力量具有重要的作用。

(8) **建立顺畅的信息交流渠道**

信息交流是顺畅与否,取决于是否能准确发出信息,以及信息是否能被准确接收、理解。信息交流充分,执行时不会偏离要求。

(9) **褒贬部下要看时机**

表扬时要注意：

①不漏听、不漏看、不忘记部下取得的成果。

②及时在众人面前表扬。

③可以借助他人表扬。

④不夸大其实。

⑤不瞒上欺下。

⑥不哗众取宠。

⑦不夜郎自大。

批评时要注意：

①就事论事,切莫言及他人他事。

②批评时注意方式。

③切忌"四"不：不听解释；不给挽回机会,一错就批,不理会最终结果；不再信任,错一回批一次,以后就不再使用该人；不采取相应的实际处罚,每次都停留在口头上。

(10) **管理人员勤于思考,能提出问题,有忧患意识**

例如,计划中途变更的次数是否增多？多品种,少批量,短交货期的生产任务是否越来越多？等等。

（11）**经常巡视**

百闻不如一见，看一百份报告、听一百次汇报，都不如亲自到现场巡视一趟。

（12）**有变革和创新的勇气、精神**

不被传统观念所束缚，敢于创新、周密计划、大胆试验，才有可能开拓新局面。

（13）**建立鲜明的奖惩制度**

奖励优秀的人员，激发全体人员的积极性。处罚某些人偏离既定的行进路线，保证每一个人的行动都符合最低要求。

（14）**抓紧每天八小时**

不少现场管理人员长期日忙夜忙，超负荷运作，结果疲惫不堪，但并不一定能取得良好的业绩，原因是：

①制度建设不健全或者不合理，责任不清，大事小事亲自处理。

②管理人手配备不足。

③管理手法粗杂，不能有效管理。

④节奏慢，工作懈怠。

3.4.3　班组建设

班组是企业生产经营活动中最基层的组织，是企业根据劳动分工、协作和管理的需要，按照工艺原则或不同产品及劳务或经营活动而划分的基本作业单元。它由同工种员工或性质相近、配套协作的不同工种员工组成，是企业最直接、最基层的生产经营、管理单位。

班组建设是班组自身通过一定的组织方式和活动形式，全面提高班组的政治、文化、思想、业务、技术素质，进而增强企业活力的一项基础工作。班组建设的好坏直接影响企业的生产与效益，甚至决定企业的生存与发展。

1. 班组建设的注意事项

班组建设是一个动态的过程，其内容和标准随企业和生产的发展需要不断进行完善、更新。须用发展的观点思考、总结班组建设的成绩与不足，大胆尝试和创新。班组建设应注意以下六个方面：

(1)加强班组建设的领导，"党、政、工、团"齐抓共管

班组建设是一项综合的工作，加强班组建设，发挥这四个方面的领导作用，建立各级领导小组，对班组建设进行管理。

(2)制定明确的目标，并确定班组建设的实施方案和措施

进行班组建设，首先要有明确的目标和方向。班组建设的目标一定要符合企业目标的要求和班组的实际情况。班组应在目标的指导下确定班组建设的具体实施方案。

(3)挑选一个好的班组长

班组长是班组建设的带头人，是沟通班组与企业上层之间的桥梁，一个优秀的班组长能带动团队健康发展、快速进步。

(4)要抓好班组人员技能和素质培训

定期或不定期地举行各种技能、素质培训及测评考试或技术比赛，培养人才、发现人才、提拔人才，将合适的人才用在合适的岗位上，形成一种积极向上的学习风气。

(5)建立人人参与的考评机制

将班组建设工作分解、落实到班组的每个成员，实行责任考核制，使班组建设事事有人管、人人有事做，调动职工参与的积极性，提高班组建设的水平。

(6)常抓不懈，严格执行考察制度

在班组建设中注意抓好"中途管理"，避免出现建设过程中管理松紧不一的现象。

2. 班组建设的形式

班组建设通过自身的努力实现，班组充分发挥自身的主观能动性，通过各种形式的活动实现班组建设的目标。

(1)班组民主管理

作为一个集体，班组要想做好自身建设一定要发扬民主精神，使班组每个成员都参与班组的建设。民主管理主要有政治民主、经济民主、技术民主等部分。

①政治民主。在班组建设中，首先应尊重班组成员的主人翁地位，尊重

每个班组成员的基本政治权利。

②经济民主。经济民主是指让班组成员参与制定班组的经济责任方案,参与讨论分配方案,使班组成员明白、了解班组内部的经济运行机制及经济核算等内容。

③技术民主。技术民主是指班组成员有要求参加技术培训、技术训练的权利,并且每个成员对班组生产过程中发生的技术问题都有发言权。班组建设应该充分发挥班组内部的技术民主,调动班组成员的生产积极性,提高技术水平,进行班组技术革新和技术改造。

④生活民主。生活民主即在生活上关心班组成员,定期召开班组民主生活会议,了解班组成员的生活状况,及时地为班组成员解决生活上的难题。

(2)班组竞赛

班组建设的形式不仅包括开展民主管理,还包括组织班组学习、竞赛等活动。通过开展学习、竞赛等活动统一认识,促进生产技术、管理水平等方面的学习和交流,形成良好的学习与积极向上的氛围。班组竞赛包括班组劳动竞赛、班组技术竞赛、班组管理竞赛等。班组竞赛可增强班组内部团结协作的集体主义精神,增强班组成员的主人翁意识,提高班组的技术水平和管理水平,为班组思想道德建设、组织建设、业务建设等打下良好的基础。

3.班组建设的内容

班组建设包含的内容很广,主要内容包括思想建设、组织建设、制度建设和业务建设。

(1)思想建设

班组建设的首要任务是进行思想建设。做好班组建设的宣传、动员工作,统一思想,使班组成员充分认识班组建设的重要意义。对班组成员进行集体主义教育、主人翁思想教育和职业道德思想教育,通过这些教育形成良好的班组作风。

(2)组织建设

选拔一个有组织能力、有实践经验、有威信的班组长。建立一个以班组长为核心的班组管理集体,在民主集中制的基础之上实行班组长负责制。

通过班组建设使职工群众感到班组是一个温暖、规范、有序的集体,使全班同志感到有当家做主的权力,也有肩负的责任和义务,最大限度地发挥出班组的战斗力,更好地完成班组承包的各项任务。

(3) **制度建设**

班组规章制度是班组成员的行为规范和行为准则,只有建立完善的班组制度,才能使班组成员在生产活动中有一个基本的行动基准。班组制度包括岗位责任制、经济核算制、员工培训制度和其他生产过程中必不可少的规章制度。班组的规章制度一般可分为三大类:

①基本制度:班组管理的根本制度。如班组长负责制、班组民主管理制度等。

②工作制度:各项工作的内容程序和方法等。具体可分为生产管理制度、技术管理制度、质量管理制度、劳动管理制度,以及文明生产、安全生产等管理制度。

③责任制度:班组内每个成员的工作范围和应负的责任,是班组日常责任分工制度。

(4) **业务建设**

①强化班组基础管理工作。

班组是企业各项活动的最终落脚点。做好班组业务建设,必须严格贯彻执行企业管理的各项规定和工作要求,做好基础管理工作。班组基础管理工作包括:

(a)合理组织班组生产;

(b)严格执行工艺规程,执行标准化工作;

(c)建立定额标准,包括物资消耗定额、劳动定额等,依照定额组织生产;

(d)做好原始记录工作和统计分析工作,保证数据准确有效;

(e)做好计量检查工作,以便于进行班组的管理控制工作;

(f)开展岗位练兵活动,提高班组成员的技术技能。

②优化班组各项专业管理工作。

班组管理工作以专业为标准可以划分为班组生产管理、班组质量管理、班组劳动管理、班组物资管理、班组成本管理、班组设备管理等。为更好地实现这些专业管理工作的效果,有必要对管理工作进行优化。

③加强岗位培训。

班组业务建设主要的目的是改善班组成员的业务能力。知识技术的发展越来越快,对班组成员的技术知识的要求也越来越高。加强岗位培训,提高班组成员的科学技术素质,是班组业务建设的重要内容,也是企业发展的动力。

第四章 国际工业工程管理方法

4.1 全球化:发展中国家产业治理的挑战

经济自由化和全球化的新背景的特点是快速、深刻和复杂的变化。这一背景为发展中国家提供了机遇和挑战。在这种新的背景下,每个国家都需要准备和实施一个全面的结构调整和升级方案,以便利用自由化的积极影响,加强生产、销售和出口能力。

4.1.1 自由化和全球化

许多国家正在见证一个以贸易全球化为特征的新经济时代,这并不是没有顾虑的。一些国家没有做出反应,冒着进一步贫困或消失的危险,将自己抛弃在历史的沉重潮流中。相反,其他人则希望接受挑战,并正在为之做准备。

事实上,在过去的十年中,国际经济环境发生了深刻、迅速和复杂的变化,影响了生产、分配和贸易的模式以及所有行业的组织。大多数发展中国家和经济转型国家主要通过加入世界贸易组织(WTO)和签署一些区域和/或区域内的优惠政策安排来实现经济自由化和开放(见表 4-1)。这种新的背景为发展中国家的工业提供了一个巨大的机会,特别是在代表世界最大市场的发达国家的经济空间中,为它们提供了立足点。这些国家面临着提升其经济、金融、监管和社会环境、生产系统和工业结构的当务之急,以提高进入国际市场并提高其产品的出口可能性。

表 4-1 发达国家与发展中国家之间部分优惠政策安排

优 惠 政 策	国家成员数量	成 员 国
欧盟(EU)与南地中海地区国家之间的自由贸易协定	欧盟 15+12	阿尔及利亚、塞浦路斯、埃及、以色列、利比亚、约旦、黎巴嫩、摩洛哥、巴勒斯坦、阿拉伯叙利亚共和国、突尼斯、土耳其
欧盟与东欧之间的自由贸易安排	欧盟 15+6	欧盟+保加利亚、匈牙利、波兰、捷克、罗马尼亚、斯洛伐克
北美自由贸易协定	3	加拿大、美国、墨西哥

续表

优惠政策	国家成员数量	成员国
阿拉伯国家之间的自由贸易协定	19	阿尔及利亚、科摩罗、吉布提、埃及、阿拉伯联合酋长国、伊拉克、利比亚、约旦、科威特、黎巴嫩、摩洛哥、毛里塔尼亚、巴勒斯坦、卡塔尔、阿拉伯叙利亚共和国、索马里、苏丹、突尼斯、也门
东部和南部非洲共同市场（COMESA）	19	安哥拉、布隆迪、科摩罗、刚果、吉布提、埃及、厄立特里亚、埃塞俄比亚、肯尼亚、马达加斯加、马拉维、毛里求斯、纳米比亚、乌干达、卢旺达、塞舌尔、苏丹、斯威士兰、津巴布韦
西非经济货币联盟（UEMOA）	8	贝宁、布基纳法索、科特迪瓦、几内亚比绍、马里、尼日尔、塞内加尔、多哥

注：这些协议的主要内容之一是按照世贸组织的规定逐步建立自由贸易区，这些协议结束了这些国家与欧盟之间的旧合作协议，即基于优惠制度、配额、保障措施和参考价格的协议。

正如 Crespy(1988) 所说，在主要的工业化国家中，几乎没有任何环境条件能给企业带来决定性的优势或劣势，但对于大多数发展中国家的商业环境来说，情况却并非如此。在这些国家，这些在过度保护下建立起来的、部分开放给小规模竞争的结构，似乎很脆弱，没有竞争力，也不稳定，根本没有准备好面对过多的竞争。

大多数发展中国家采用的干预主义方法，主要是通过贸易壁垒和对出口的金融和商业支持（补贴、货币重估等），不再符合"乌拉圭回合"的规定。该文件建立了一个自由和开放的贸易体系，旨在使成员国的企业能够在公平和无偏见的竞争条件下进行贸易。

大多数发展中国家在1995年以前所采取的保护主义政策和战略类型必须被其他非常不同的政策和战略所取代。这些政策和战略符合与发达国家一体化的新逻辑，其特点是：更多的竞争、更少的干预和更多的竞争力。

4.1.2 全球化的挑战

新的区域和国际环境要求发展中国家的支持结构和工业企业进行转型和升级。联合国工业发展组织和其他国际组织进行的研究表明，在过度保护下建立的结构、体制基础设施和工业结构，似乎很脆弱，没有竞争力，无法与在发达国家经营的工业企业竞争。此外,贸易自由化正在迫使发展中国家提高其产品的质量水平,同时遵守越来越多的国际标准,而且还要遵守乌拉圭回合关于技术性贸易壁垒的协议,这些协议越来越多地强加于世界市场。因此,必须消除所发现的弱点和扭曲现象,以加强生产和出口能力,使工业部门和公司达到国际竞争水平。

竞争的全球化、市场的多样性以及产品和技术过程的快速创新,改变了国际工业竞争力的决定因素。在国际竞争格局下,竞争优势的来源不仅与投入成本和原材料供应有关,而且越来越多地与工业支持和支持机构的基础设施质量、创新来源的有效性、竞争压力的程度有关。

在这个新的和不断变化的环境中,无论各种产业对经济增长的贡献如何,都从未如此需要战略诊断和产业分析:

①分析工业经营的总体经济环境;
②行业历史发展分析;
③研究主要行业参与者(国内和国际竞争对手、供应商、客户等);
④评估关键行业绩效指标;
⑤确定每个行业的关键成功因素和竞争力决定因素;
⑥对产品、技术、技术法规和标准的具体了解;
⑦为具有生存和增长前景的产业设计综合的升级和发展方案。

此外,如果在这种新的自由经济背景下,通向成功的道路通常仍是非常狭窄的,那么,致力于诊断和质疑的反思有助于指导盈利能力和定位的选择,并为政府、部委、行业管理者和企业领导人提供尽可能多的机会,在各个层面进行必要的变革,以提升其行业和工业企业长期的竞争力。

4.1.3 工业竞争力的新范例

正如波特所指出的,在全球化的新背景下,那些能够准备、整合和实施以下基本原则的公司和国家将会出现:

①企业在工业上而不是在国家内部的竞争;
②竞争优势建立在差异上,而不是相似性上;
③优势往往集中在地理位置上;
④一个优势是建立在长期的基础上的。

尽管乌拉圭回合协议和签署的优惠安排规定了过渡时期的保障条款,

以限制自由化对发展中国家的负面影响,但这些国家有必要重新调整其工业战略,以充分考虑新的全球化背景。将要引入和实施的改革必须使这些国家的产业和企业能够准备、适应和立足于全球经济空间,以便从期待已久的国际贸易带来的积极影响中获益。

对于发展中国家和经济转型国家来说,21世纪初全球化的主要挑战是如何充分地利用自由化的积极影响,如何加强竞争优势,以增加符合国际标准的产品和服务的生产,促进进入国际市场,增加出口,这将对工业的可持续增长和竞争力产生重大影响。

表 4-2 所示为产业竞争力的新范例。

表 4-2 产业竞争力的新范例

旧 范 例	新 范 例
治理方面	
干预主义	自由放任主义
国家作为操作者	国家作为合作者
国家所有制	私人所有制
市场方面	
保守	开放
自然标准	国际标准
地理中心市场	空间市场
公司方面	
物质生产	非物质生产
规划经济	弹性经济
整合	分散
竞争力方面	
生产能力	管理能力
劳动力成本	掌握技术以及国际标准
交易性战略	伙伴关系战略

4.2 工业工程管理升级

为了满足成员国的许多要求,联合国工发组织在过去几年中制定并实施了一项全面的企业及其环境重组和升级方案。该方案旨在支持工业的竞争力、一体化和增长,并促进进入国际市场。

4.2.1 背景和理由

在经济自由化、调整和复苏的背景下,工业结构调整和升级已成为大多数发展中国家和经济转型国家的优先方案,以促进和发展具有能力和潜力的竞争性工业部门。

为了回应这些国家的众多要求,工发组织近年来实施了一种综合的多学科方法,将工业企业及其环境结合起来。

所采取的办法既考虑到工发组织近年来在执行若干工业结构调整项目方面取得的经验,也考虑到在工业调整和结构调整方面取得的一些成功经验(智利、墨西哥、葡萄牙、韩国、土耳其)。从这些经验中得出的结论主要涉及与直接有关的经营者密切协商,在实施工业调整和结构调整方案之前和期间采取的保障和支助措施的重要性。这些国家想要和实施的自由化的战略选择不是"野蛮"的自由化,而是在过渡时期通过对主要工业的适当支持和援助方案逐步、有节制和协调的自由化。过渡期是必要的,以使企业能够有更多的时间适应市场的全面开放。在发展中国家经营的工业企业也应如此,这些企业得到了强有力的保护,需要在尽可能好的条件下适应、融入和面对国际竞争,冒着消失的风险。举例来说,我们提到南地中海地区国家(阿尔及利亚、埃及、约旦、黎巴嫩、摩洛哥、突尼斯)与欧盟之间的自由贸易区协议规定,以渐进的方式逐步取消工业投入和产品的关税,并随着时间的推移,以期在 2010 年前实现有效的自由贸易。

为了防止自由化进程现在或将来产生不正当的影响,甚至像某些国家,特别是非洲国家那样去工业化,这些国家未能及时采取必要的保障和伴随措施。因此每个国家都必须:

①与有关经营者讨论和商定,并在过渡期内实施适当的支持和援助

措施。

②任何具有真正附加值的工业企业都同意做出必要的调整努力，并致力于持续的升级和改进方案，以达到和保持所需的最低国际竞争力水平。

配套措施必须有时间限制，不应寻求保证公司的特定利润率或市场份额，因为一般来说，补贴会拖延而不是促进调整和创新。

根据对工发组织和一些国际组织所做研究的分析，并在分析了一些成功和不成功的工业结构调整方案后，我们建议制定一个与结构调整方案相结合并对其进行补充的结构调整和工业升级的整体方案。这是一个不可或缺的先决条件，或者至少是与建立自由贸易区或优惠安排平行的条件。所制定的方案是模块化的，可以根据各国的特点和行业的特点进行调整。

4.2.2 升级的概念

升级是工发组织近年来发展起来的一个新概念。升级是在全球环境中设计和实现重大变革的巨大动力。这是一个持续的过程，旨在使企业及其环境适应自由贸易的要求。升级为一个行业/公司带来了双重目标：

①在价格、质量、创新方面具有竞争力；
②能够跟踪和控制技术和市场的发展。

4.2.3 总体方案的目标

总体结构调整和升级方案的目标是支持结构调整的动力、竞争力、产业和就业的一体化和增长，并在经济自由化和开放的过程中促进进入国际市场。

图 4-1 总结了整个计划的目标和主要组成部分之间的互动。

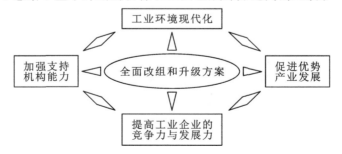

图 4-1　全面改组和升级方案流程图

1. 使工业环境现代化,包括体制和物质环境

国内的产业环境是一种支持,甚至是一种要求,并发挥着激励作用。良好的物质和制度环境应使工业企业,特别是受到威胁的企业,能够在相同的条件下,无障碍地在国内和国际市场上面对国际竞争。在发展中国家,当务之急是将企业置于一个至少与外国竞争对手相当的环境中。"国际竞争中的成功来自国内环境和对某一行业有利的竞争优势来源的成功结合"。设计和实施一项全面的行业重组和升级计划,以及一项旨在为工业和企业支持结构提供直接财政援助的基金,是为使工业环境现代化必须建立的机制的一部分。

2. 加强支持机构的能力

大多数发展中国家的支持结构不发达或不够发达,无法支持工业企业的适应和升级努力。有必要审查这些结构,重新界定其作用和活动,并加强其能力,以提供有效的技术援助和支持,满足企业在新的国际竞争环境中的需求。因此,建议加强行业支持结构,如国家标准、计量、认证和认可机构,并促进其在产品、系统、测量和测试认证方面的国际认证(通过相互认可协议)。还建议建立或加强部门(农业食品、纺织等)和/或横向(包装、机械等)技术中心的能力,向工业企业提供所需的技术援助。

3. 促进国内和国际市场上优势产业的发展

大多数发展中国家出口高度商品化的大规模生产的产品,低工资是其竞争力的决定性因素。食品、纺织和皮革、机械和电气行业的情况就是如此。然而,这种类型的优势并不持久,很容易被规避。每个发展中国家都必须不断巩固其"与其他竞争者不同的具体的不可剥夺的优势",比如在以下几个不同的方面采取行动:加强人力资本,提高质量,降低成本,不断提高生产力和促进伙伴关系。在以竞争全球化和技术与产品创新的快速进程为特征的高度脆弱和不确定的环境中,需要进行战略分析和研究,以确定国家拥有大量实际资产的行业,并确定立即和/或长期有前途的行业,同时考虑到现有和/或将要创造的竞争优势,并特别以相关的国家和国际技术、商业和金融数据和信息为依据。为了进行这种战略研究,最好通过业绩、竞争力和

"基准"指标,对行业间和国家间的原因进行比较。

4. 提高工业企业的竞争力与发展力

通过升级、生产工具和工业子系统现代化、管理能力建设、质量发展和采用国际标准(ISO 9000 和 ISO 14000),提高工业企业的竞争力与发展力。这一持续改进的过程必须与股东协商进行,并得到银行系统和当局的技术和财政支持。这是一个企业自愿加入的计划。

4.2.4 结构调整和升级总体方案的主要组成部分

整体方案是模块化和可调整的,基于主要参与者(国家、支持和后援机构以及私人经营者)之间的密切合作,根据各自的受益者组织,可分为三个主要部分:工业部、支持机构、行业和企业。这些组成部分包括短期和中期的行动。表 4-3 总结了这些组成部分。

表 4-3 全面改组和升级方案

第一部分	协助设计、实施和监测国家工业结构调整和升级方案(受益者:工业部)	CT	MT
结果一	制订并协助实施重组和升级计划		
活动1	制订并协助实施升级计划	×	
活动2	确定指导委员会和负责执行方案的结构;确定构成接口的其他结构和组织	×	×
活动3	建立沟通和意识计划	×	×
活动4	培训一支专家队伍,负责实施全面的结构调整和升级方案	×	×
结果二	设计和制定正式化程序和监管框架		
活动1	正式制定升级计划实施程序	×	
活动2	更新与升级与业务直接相关的法律法规	×	
结果三	研究和设立重组/升级基金		
活动1	分析软硬件投资融资现状	×	
活动2	研究设立重组/升级基金的可能性和可行性	×	
活动3	协助设立基金和制定业务程序		×

续表

结果四	创建升级计划的研究			
活动1	通过利益相关者调查确定需求	×		
活动2	描述捕获、处理和恢复信息的机制；规定其运行的技术、财务和监管条件	×		
活动3	指导委员验证项目并实施			
第二部分	工业支持机构的能力建设（受益者：支持机构）	CT	MT	
结果一	增强工程处和银行的能力建设			
活动	组织战略诊断和升级计划培训课程	×		
结果二	标准化、认证和认证机构的能力建设			
活动1	从物质和人力资源的角度评估质量基础设施的现状	×		
活动2	制订升级和加强标准化、认证、计量和认证机构能力的计划	×		
活动3	协助标准化、认证、计量和认证机构获得国际认可		×	
结果三	增强技术中心的能力建设			
活动1	评估技术需求和提议	×		
活动2	为技术人员举办培训班	×	×	
活动3	协助建立技术和商业数据库		×	
结果四	加强对外贸易支持体系			
活动1	评估出口和国际市场准入支持和激励机制的现状	×		
活动2	制定贸易便利化方案	×		
活动3	协助项目实施	×	×	
第三部分	优先部门试点企业重组和升级支持方案（受益者：企业）	CT	MT	
结果一	每个选定试点公司提供升级诊断报告			
活动1	对产品/市场的诊断和战略定位	×		
活动2	财务诊断	×		
活动3	对管理技能的诊断	×		
活动4	技术技能诊断和质量诊断	×		
活动5	形成诊断报告	×		
结果二	为每个公司选择升级策略			

续表

第三部分	优先部门试点企业重组和升级支持方案(受益者:企业)	CT	MT
活动1	研究可能的策略	×	
活动2	为每个选定的公司选择升级策略	×	
结果三	升级计划		
活动	制订银行可升级计划	×	
结果四	升级的直接支持		
活动1	培训活动	×	×
活动2	协助实施和跟踪无形投资,包括:ISO认证、HACCPA引进、合作研究等	×	×

4.2.5 联合国工业发展组织的经验

联合国工发组织于1995年设计和启动了重组和创新办法,以满足地中海南部、东欧和亚洲一些国家提出的各种要求。这种援助是"质量和生产力"服务模块下提供的主要服务之一。该模块提供了一系列灵活的服务,以帮助建立和发展国家能力,作为刺激和提高生产力、竞争力和增长的基础。

向这些国家提供的技术援助包括一系列旨在提高竞争力和提高工业结构出口能力的措施。这种援助是工发组织近年来在一些国家制定的综合方案的一部分。

例如,在启动和实施"国家升级计划"期间,向突尼斯提供了技术援助。工发组织向升级办公室提供了直接援助,并通过执行升级诊断和为约40家农工企业制定升级计划,参与了试点方案。还开展了第二个项目,通过质量方法提高竞争力,称为"MITAQ"。有40多家企业从这个项目中受益。

工发组织还协助阿尔及利亚工业和结构调整部制定了"国家结构调整和升级方案",并协助约30家企业进行结构调整和升级。工发组织还在协助埃及、马达加斯加、摩洛哥、巴勒斯坦、卢旺达和八个西非经货联盟国家(WAEMU)制定和发展其工业的结构调整和升级方案。

在其技术援助方案的框架内,工发组织还协助东欧(白俄罗斯、波斯尼亚和黑塞哥维那、波兰、罗马尼亚、斯洛伐克等)和拉丁美洲(哥伦比亚、厄瓜多尔、秘鲁)的一些国家在最近几年设计和实施工业结构调整和现代化方案。

工发组织正在使用管理软件"商业环境战略工具 BEST"和"财务改进工具 FIT",以管理和监测重组方案,并促进企业的决策和战略管理。工发组织还编写了一本《工业诊断和结构调整手册》。

图 4-2 显示了工发组织在几个发展中国家和转型经济体国家提供技术援助的例子。

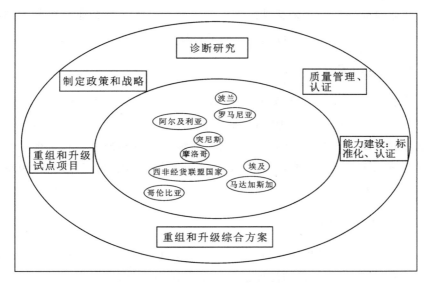

图 4-2　工发组织提供技术援助

4.3　整体战略诊断与升级

在这种新的自由化背景下,对大多数发展中国家来说,主要标志是加入世界贸易组织(WTO)和缔结自由贸易区的联合协议,各种规模的工业企业从未像现在这样需要制订和实施诊断、战略以及重组和升级计划。

虽然有大量关于诊断的文献,但其中很少涉及整体战略诊断。这种方法是由工发组织近年来发展起来的,它提出了一种阐述全球战略诊断的方法。所提出的方法和技术适用于发展中国家企业的环境和现实,并在一个连贯的整体方法中进行了选择和排序,以质量方法为基础,旨在不断提高绩效。它为创新和灵活性留下了空间。

4.3.1 诊断的基本概念

自 20 世纪 70 年代国际经济危机爆发以来,诊断学的概念已经扩展到管理学领域,并在文献中得到了特别的发展。虽然在医学领域,诊断的定义、目的、形式、方法、范围通常都很清楚,但在管理领域却不一样。

商业诊断一词是什么意思?其干预的范围是什么?企业升级的总体战略诊断包括哪些内容?进行这种诊断的程序是什么?

1. 诊断的定义

诊断这个词源于希腊,意思是"能够辨别"。这个本质上属于医学的术语在《小拉鲁斯》中被定义为"通过症状识别疾病",也是通过对某种情况、某种状态的判断。诊断的目的是确定病人病情的弱点和强点。它也被定义为对现有情况的批判性检查,其目的是对公司的各方面情况进行评估,包括外部和内部的所有方面。

2. 诊断的目的

诊断是一种分析和决策的工具,可以在企业中实施,无论其情况是好是坏。一般来说,诊断的目的是评估和做出总体判断,以期突出一个公司的潜力和弱点,并确定竞争力的所在。

3. 诊断的形式

诊断的形式取决于所寻求的目标的性质、紧迫性、可用的手段和资源。对企业诊断感兴趣的人们对其形式的看法并不一致。

因此,诊断拥有多种形式,其中最常见的三种诊断形式如下:

①整体(深入)诊断:这是从总体角度分析公司职能和组织并提出改进建议的基本模式。

②快速诊断:诊断的目的是确定困难的原因,但最重要的是,制定快速救援措施,并优先采取紧急和重要的行动。

③功能性诊断:这是对特定功能的零碎诊断。

4.3.2 制定整体战略诊断的方法

1. 目标和宗旨

每一种诊断方法,无论是描述性的、矩阵式的还是战略性的,都有自己的方向、优势和劣势。所做的选择必须取决于所寻求的目标、手段和可用的信息。因此,描述性方法是基于对公司不同变量的分析性研究。它是相对静态的,并考虑了单独的公司的运作情况。另一方面,矩阵法是基于对公司活动在预先确定的竞争框架内的战略定位的分析和评估。然而,这些方法不能用于诊断发展中国家的企业重组和升级,因为它们忽略了技术、人力和组织方面的变量。

这是我们提出的对发展中国家企业升级进行诊断的总体战略诊断方法。这一选择是合理的,因为公司现在在一个竞争激烈、动荡和复杂的环境中运作,这意味着必须满足某些管理要求。

战略诊断的范围允许研究工业及其环境之间的耦合,以期做出适当的政策选择。

此外,这种方法能够满足中小型企业为应对其新的经济环境所带来的变化(竞争、市场、技术等)而必须引入的变革需求。

2. 方法

总体战略诊断是由识别和提出真正的问题以及解决这些问题的现实方案组成的诊断。这种诊断是:①对公司经营的环境、市场和竞争地位进行系统分析;②对各种内部职能进行深入和全面的分析,包括对公司的技能和业绩进行客观评价。

其调查形式多样,结论单一,因此,战略诊断必须采用严格的方法,但这种方法要有足够的灵活性,以便根据活动的规模和性质适应不同类型的企业。在这种诊断中,重点是关键任务和功能,必须从一开始就确定这些任务和功能,以便将注意力集中在关键的地方。

总体战略诊断是战略升级过程 SUP(Strategic Upgrading Process)的第一步,它先于第二步(选择战略),然后是第三步(制订升级计划),最后是第四步(执行和监测升级计划)。任何判断错误,标准、基准或"商业模式"的错误选择,都可能需调动资源来解决次要问题,而损害那些真正优先的问题。

图 4-3 概述了战略升级的过程。

图 4-3　战略升级的过程

总体战略诊断旨在提升企业的全球战略诊断方法以相当精确的全球方法为前提,其中包括一些要求,如使用构成其主干的五类诊断。

这些诊断必须相互联系,面对公司的战略和目标,并以一种逻辑和连贯的方式阐述。因此,战略诊断的质量是这五个组成部分和谐共生的结果,如图 4-4 所示。

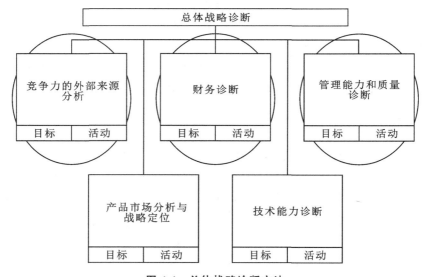

图 4-4　总体战略诊断方法

4.3.3　竞争力的外部来源分析

企业所处的经济环境会对其业绩产生积极或消极的影响。因此,对企业业绩有直接影响的因素,如货币、财政和劳动立法,基础设施的可用性,标准化、认证和计量结构的质量,技术转让和技术诀窍的积累,企业间伙伴关系和合作的发展,分包市场等,在有关诊断和恢复的文献中没有得到充分的研究,因为它们并不妨碍企业的升级和发达国家的企业增长。

工发组织的研究表明,尽管采取了措施,但发展中国家的环境仍然存在一些结构性制约因素和组织缺陷。因此,有必要将环境诊断纳入战略诊断方法。这项诊断的目的是分析环境中的各种主要因素,确定哪些因素构成了制约因素和机遇并研究它们对工业企业升级和发展的直接或间接影响。

1. 对经济和社会环境的诊断

自经济开放和采取结构调整方案以来,这种环境一直在不断演变,对这种环境的分析可以极大地指导寻找企业升级的制约因素和机会的根源。这种分析可以集中在以下几方面:

①国家经济基本面的演变。

(a)人均收入、国民生产总值、消费、投资、经济增长率、汇率等的变动。

(b)被审查公司所在的国家、部门、行业和产品的出口和/或进口的变动。

(c)经济政策:国家、部门和行业的发展目标、经济指导方针、方案和战略等的变动。

②国家为促进和资助该行业及相关服务所采取的主要经济措施,支持企业的重组和升级等。

③某些经济和政治变量对行业表现的影响,如货币贬值,某些生产要素成本的增加,资本、劳动力和冗员的平均成本等。

2. 对工业环境的诊断

公司的产业环境是由所有对其自身业绩有影响的行为者(个人、公司和组织)和因素(经济和技术)组成的,同时也对其直接竞争对手的业绩有影响。因此,对这种环境的诊断包括分析企业运作的各种机构和支持结构(标准化、认证、认可、计量、融资、管理、维护和咨询服务等),以确定在开放和竞争的市场中运作的企业升级和发展的限制和机会。

3. 对技术环境的诊断

其目的是分析技术支持系统,使企业能够利用和获取技术和技术信息,选择和获得制造技术、设备和工艺,适应和掌握技术转让,并最终使其资本化和发展技术。

4.3.4 产品市场诊断和战略定位

对公司产品市场和战略地位的诊断旨在衡量公司及其每个战略活动领域的商业绩效,并评估为实现公司制定的商业目标而实施的贸易政策和战略。这不是一个进行精确营销研究的问题,而是确定影响公司在其行业活动成功的关键因素和建议。图 4-5、图 4-6 总结了这种诊断方法。

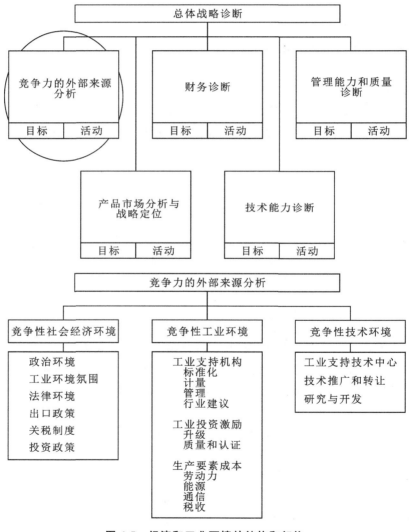

图 4-5 经济和工业环境的结构和架构

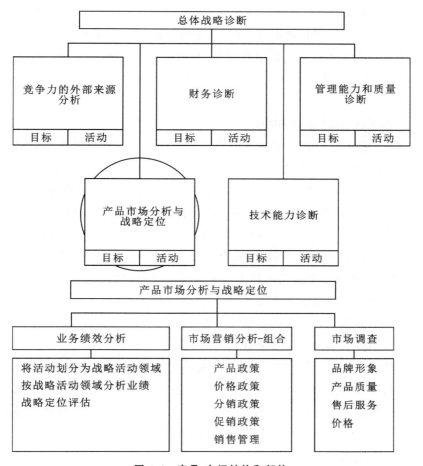

图 4-6 产品-市场结构和架构

1. 公司经营业绩分析

这种分析包括将公司的所有活动细分为战略活动领域，然后对每个领域的业绩以及公司在其行业内与主要竞争对手相比的"竞争地位"进行评估。

可以计算出几个指标来分析公司产品和市场的商业表现。这包括营业额趋势、按产品市场对销售的分析、直接成本计算分析，例如销售利润率和产品市场贡献率。

（1）**对业务进行细分**

当一个公司生产几种不同的产品，并将其销售到一个或多个市场时，将业务划分为战略活动领域是很有用的，也就是要认识到产品和市场之间的本质区别。因此，战略诊断应包括对每个领域的深入分析，以便为其设计具体战略。

（2）**分析战略业务领域的绩效**

对一个战略活动领域的商业业绩进行分析的第一步是开发该领域的产品市场矩阵，该矩阵将该领域的不同产品列为一行，并将不同的潜在市场列为一列。因此，有必要对需求、需求增长率、价格弹性进行分析，确定需求市场的特征、销售周期和成功的关键条件。另外，需要进行供应分析，以确定主要竞争对手和供应商、进入壁垒、现有技术类型、竞争对手的整合程度，并概述主要的机会和制约因素，以及在供应市场上取得成功的主要条件。最后，有必要分析产品在公司市场上竞争地位的变化，以确定有竞争力的产品和有问题的产品。由于缺乏竞争对手的商业和技术信息，最后一种分析在发展中国家的某些行业并不总是容易进行的。

（3）**对公司的"竞争地位"进行评估**

这种评估考虑到了对公司和不同战略活动领域的业绩分析，以及这些领域之间的互补性、协同性和可能的不平衡性。有几个关键的成功因素可以用来评估这种竞争地位。根据Porter的观点，一个公司的战略定位是由以下几个方面结合而成：

①专业化程度；

②品牌形象的重要性；

③销售渠道的选择；

④质量水平；

⑤技术水平；

⑥纵向一体化的选择；

⑦成本战略的选择；

⑧服务水平；

⑨定价政策；

⑩与其他公司的关系；

⑪与政府的关系。

2. 商业政策和营销组合的分析

第二步是审查公司的商业政策和营销组合。这种审查可能包括过去三年中产品、价格、分销、促销和广告、通信和客户关系政策的演变。对这些政策的分析将通过定量分析（产品利润率、增长率、公司的单位销售价格和销售条件与竞争对手的比较等）和定性分析（生命周期分析、分销渠道对客户群的覆盖、销售队伍的薪酬政策、销售人员的类型等）进行。

3. 市场研究

为了完成对公司在其市场上的战略定位的分析，可以通过对公司主要客户和竞争对手的实地市场调查来补充诊断，以确认或反驳收集到的数据和调查结果。

根据与企业负责人讨论期间收集的信息、诊断结果和可能的调查结果，分析师必须首先确定与产品市场相关的主要外部和内部战略问题，然后对其进行分类，并从中获得机会和制约因素，最后在回顾市场分析的基础上，根据影响这些产品消费的宏观经济指标的预期发展，对公司主要产品的国内外市场进行评估。

4.3.5 财务诊断

公司的会计和财务数据是一个重要的信息来源，对评价和评估公司的经济和财务状况非常有用。

因此，任何战略诊断都必须包括深入的财务分析，这种分析基于对财务报表、现金流量表、成本和价格以及公司损益表要素的演变分析，包括衡量公司的盈利能力和分析其财务平衡。

这种分析的优点是可以快速了解公司的情况和行为。财务诊断可以按照图 4-7 所示的模式进行。要进行财务分析，特别是对中小型企业而言，可能会遇到各种各样的问题，这些问题涉及会计信息的可靠性、可用性、规律性和一致性，最后是将会计数据重新调整为经济数据。

因此，财务分析的第一步是通过重新整理会计和财务数据来解决这些问题，以便更好地了解企业的经济现状。企业资产负债表的调整可以包括下列主要项目：

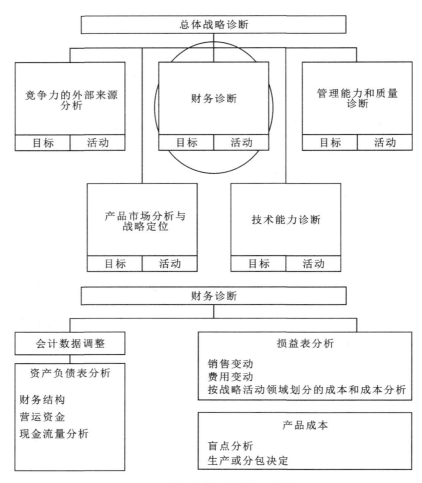

图 4-7 金融诊断的结构和架构

① 启动费用。

这些是在本项目下记录的资本的初始建立、发展和修改的尚未注销的费用,这些费用将在几个财政年度内分摊。

② 固定资产。

(a) 土地和建筑物:这些账户按其历史价值记录。它们的重估通常是基于市场的。

(b) 参与权益:必须对各种参与权益进行分析,以确定这些权益的实际损失或收益数额。

③库存。

对这一项目进行分析,应能确定几年来没有动过的、不能出售的存货,以及在某些存货价值贬值后应预留的实际准备金数额。

④客户坏账。

同样地,必须对客户坏账进行分析。应为无法收回的债务提取准备金。

⑤外币债权债务。

根据名义主义原则,外币债权债务按当日和开票日的汇率按历史价值计算。应收账款或应付账款的汇兑差额应予以确认和拨备。

1. 资产负债表分析

这一分析是在公司最近三份资产负债表的基础上进行的,其中最后一份资产负债表是重述的。对财务平衡的评估将基于对现金流量表、营运资本、营运资本需求和现金流随时间变化的研究。

现金流量表是经济和金融分析中最广泛使用的工具之一。根据 Colasse (1993)的说法,它是对公司财务运作的动态分析的一种支持。这个表格可以描述投资融资和营运资本的变化,以及现金资源和对它们的使用。现金流量表没有强制性的模式。

财务分析员需要制定多年期现金流量表(见表 4-4)。这种表格是由 Goeffroy de Murard 发明的。它通过区分费用、收入的交易流;资产或负债的变动;现金流(收入或支出);以及由存货、应收和应付款项的变化构成的转变,突出了公司在各方面的真实行为。虽然是静态的,但长期以来的比率分析一般都能提供一个良好的评估。分析师将尝试评估财务结构、现金流和运营业务。将公司的比率与该行业的比率以及与该领域最有效的竞争对手的比率进行比较,可以更好地评估公司的盈利能力,评价其财务平衡和在其活动领域的地位。在大多数发展中国家没有中央资产负债表的情况下,分析员应设法从行业和监管机构获得关键的业绩指标。表 4-5 列出了在财务状况分析中经常使用的一些重要比率。

损益表通常在两个具体的账户中呈现。为了能够对它们进行检查,在分析文件中收集和总结它们是有用的,我们称之为管理结果分析表 (MRAT)(见表 4-6)。这个表格使我们有可能确定对任何盈利能力的衡量都非常重要的结果和中间平衡。盈利能力的评估将尽可能在时间和空间上分析销售额和附加值的增长、财务盈利能力和生产力。通常用于此类分析的比率见表 4-7。

表 4-4 现金流量表

名　　称	年份($n-1$)	年份(n)	百分比 VA
已售出产品 ＋存储生产 ＋固定生产 1＝财政年度产出			
材料消耗量 ＋分包和外部服务 2＝外部负载			
3＝增强值(余额 1－2)			
税费 人事费 4＝营业总盈余(EBE)			
经营性股票投资 应收账款和流动负债的净撤资 5＝运营 BRF 变化(余额 4－5)			
6＝营业盈余(OE)(余额 4－5)			
经营性资产投资 与投资相关的 WCR 变动 7＝内部融资增长后的可用资金(DAFIC)			
非常规或非经营性盈余或亏损 与特殊业务有关的 WCR 变化 8＝特殊现金流			
流动金融产品 财务费用(不包括折旧) 与金融交易相关的 BFR 变化 9＝经常性金融业务消耗的现金			

续表

名 称	年份($n-1$)	年份(n)	百分比 VA
税收利润			
股息			
10＝利润分配交易的 BFR 变化			
长期负债增加注册资本变动			
长期金融资产变动			
11＝资本运营现金			
12＝现金变动(余额 7－8－9－10)			

表 4-5 资产负债表分析比率

比 率	定 义
财务结构比率	
结构性融资	永久资本/净固定资产
投资资本的覆盖率	固定资本/投资资本
负债率	中长期债务/权益
自有资本	内部价值±结果/股数
现金流比率	
偿债能力	流动资产/流动负债
一般流动资金	可变现价值＋现金价值/短期债务
即时流动资金	现金/短期债务
存货、应收账款和营业负债分析比率	
库存周转时间/天	批准的存货×360/不包括增值税的采购金额
未完成销售天数/天	在制品库存＋应收账款/销售税款
供应商信用期/天	应付账款/包括增值税的采购金额

表 4-6　管理结果分析表（MART）

名　　称	年份($n-2$) 1　2	年份($n-1$) 1　2	年份(n) 1　2
1. 不含增值税的销售额			
2. 生产成品库存变动			
3. 生产辅助产品			
4. 产值($1+2+3$)			
5. 合并材料和供应品的采购			
6. 材料库存变动			
7. 外部工程、用品和服务			
8. 财务费用			
9. 生产费用($5+6+7+8$)			
10. 附加值($4-9$)			
11. 其他营业收入			
12. 经营补助金			
13. 人事费			
14. 税费			
15. 营业总收入($10+11+12-13-14$)			
16. 收到的利息和股息			
17. 融资费用			
18. 折旧津贴			
19. 经营准备金			
20. 营业收入($15+16-17-18-19$)			
21. 营业外收入和利润			
22. 营业外费用和损失			
23. 营业外收入($21-22$)			
24. 所得税			
25. 本年度净利润($20\pm23-24$)			
26. 现金流量净额($\pm25+18$)			

表 4-7　盈利能力分析比率

比　率	定　义
销售增长率	$[CUR(n)-CUT(n-1)]/CUT(n-1)$
增长值增长率	增加值/产值
财务盈利能力	净收入/自有资源
财务成本在产值中的比重	财务成本/产值
固定资产账龄比率	累计折旧/固定资产总额
人事费用比率	人事费用/产值
人员生产率比例	增加值/雇员人数

2. 成本和成本价格的分析

如果有成本会计系统，基于 MART 的公司活动的整体分析，可以通过基于对产品或战略活动领域的营业收入和支出的变化的分析研究来补充。

按产品或按战略活动领域划分，这种方法的目标是多方面的。最重要的是：更好地估计每种产品和每个成本中心（工厂、车间、管理层）的成本和再供应价格，并更好地了解每种产品对企业的价值。产品分析表（AATP）（见表 4-8）可以作为这种成本分析的基础。

表 4-8　产品分析表

名　称	年份 $(n-4)$	年份 $(n-3)$	年份 $(n-2)$	年份 $(n-1)$	年份 (n)
1. 生产能力/吨					
2. 实际产量/吨					
3. 销售产值	成本/(%)	成本/(%)	成本/(%)	成本/(%)	成本/(%)
4. 按购买成本消耗的原材料（PM） 　MP1 　MP2 　MP3					

续表

名　称	年份 ($n-4$)	年份 ($n-3$)	年份 ($n-2$)	年份 ($n-1$)	年份 (n)
5. 按采购成本计算的消耗性材料(MC) 　　MC1 　　MC2 　　MC3					
6. 租金					
7. 外部工程和服务					
8. 其他生产费用					
9. 人事费					
10. 技术援助					
11. 生产成本(4+5+6+7+8+9+10)					
12. 包装					
13. 配送费用					
14. 配送成本(12+13)					
15. 折旧和融资费用前的成本价(11+14)					
16. 本年度折旧					
17. 融资费用					
18. 间接费用前的成本价(15+16+17)					
19. 间接费用					
20. 总成本价(18+19)					
21. 税前利润(3-20)					

4.3.6　技术技能诊断

在一个以激烈竞争和日益迅速的技术变革为特征的经济环境中,技术技能诊断旨在分析公司的生产系统和工具,评估技术性能,并确定为提升和发展公司竞争力而应采取的主要技术行动。

1. 生产系统诊断

该诊断基于投入—过程—生产三部曲,包括:

①对输入及其特性(材料和供应品、劳动力和能源、生产设备和材料等)进行时间和空间分析。分析员应注意材料和技术人员的最佳利用,并特别注意材料损失和过度消耗(能源、电力、水)。仓库的分析基于对其状态和运行的观察,考虑其材料消耗(与标准和预测相比)、运行速度、故障频率以及维护和维护成本的变化,同时考虑材料、供应品和能源。此外,还将分析所购材料的特性及其是否符合技术规范、单位生产消耗量的变化、损失和废物。最后,分析将以劳动力为基础,并可基于对员工的访谈,以评估工作环境、技能和技术能力,包括职业资格、员工培训和工作安全。

②对生产系统(技术和工艺)进行分析,并将其与行业内主要竞争对手使用的系统进行比较。首先,分析员必须根据可用的生产要素(原材料、劳动力等)和生产资料的灵活性,即它们提供广泛产品和适应数量变化的能力,以及公司员工吸收技术和创新的能力,评估公司采用的技术的选择。然后,过程分析必须评估公司提供满足客户质量、时间和成本要求的成品的能力。它还将评估生产管理方法,特别是研究和方法、计划和调度、维护管理、质量控制和保证等功能。

③该诊断将对公司生产的产品进行评估,分析其技术和管理特征(性质、质量、价格、交货期、分销、售后服务),与竞争对手提供的产品和客户要求的产品相比。这一分析还将包括公司生产的产品的标准是否符合规定的国际标准。

2. 技术性能的评估

这一评估将从生产力和产量以及成本方面进行。衡量生产力和效率方面的表现是基于对每个车间和每个工厂的产量、每个车间和每个单位产品的消耗量、生产能力利用率和生产时间等指标(数量)的演变分析。可以将主要设备的生产率与制造商指出的生产率和主要竞争对手的生产率进行比较。这些生产力和效率措施可以提供关于瓶颈的信息,这些瓶颈可能是由机器或技术人员的低利用率造成的。

对成本绩效的衡量是在对原材料、能源、维修、分包、间接费用和人事费用以及固定库存费用的变化分析（以价值计算）的基础上进行的。

在这一诊断结束时，技术顾问将能够识别、构建和分类抑制公司技术运作的基本问题和瓶颈，最重要的是，建议一个精确的行动计划来改善生产绩效。

4.3.7 技能管理和质量诊断

大多数旨在查明企业困难确切根源的调查都指出，管理和组织问题是失败的根本原因之一。因此，从总体战略诊断的角度来看，必须对管理能力进行诊断，以评估管理能力和管理业绩，研究公司的组织结构和社会文化层面，并确定提高这些能力的行动，如图 4-8 所示。

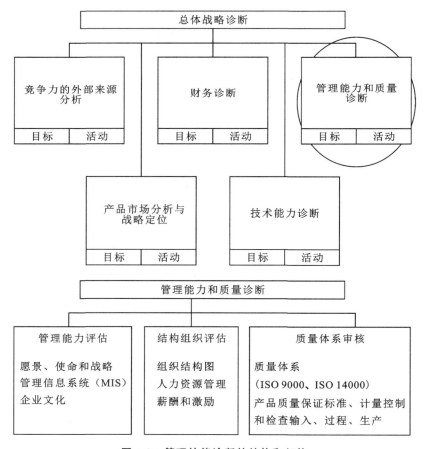

图 4-8 管理技能诊断的结构和架构

1. 管理能力评估

首先,必须让公司负责人明确并解释所设定的愿景和目标、其优先次序、其总体政策和战略方向的大致轮廓,以及限制其权力的可能限制和压力。

其次,应评估和评价管理层的管理能力,即公司负责人及高级管理人员为实现既定任务和目标而设计和遵循的管理风格和方法。因此,必须评估管理、技术和创业技能和能力以及公司负责人的领导风格。

为了做到这一点,有必要评估一般管理层为履行五项基本管理职能所采用的方法,这些职能是:

①分析:确定分析的工具、领域和周期,测试这些分析工具的质量。
②规划:评估公司的规划过程,即制定、监测和审查计划的程序。
③控制:通过确定控制的行为者、领域和工具,以及绩效标准和制裁与激励制度,来评估公司的控制过程,并检查控制实践。
④协调:在实践中确定和分析公司不同职能部门之间的协调程序。
⑤促进:评估维持和发展内部凝聚力的促进过程,创造一个有利的社会环境。

2. 组织结构评估

组织结构定义并正式规定了组成企业的不同单位之间的职能、责任和关系。它将评估组织的有效性和工作人员对组织规则的遵守情况;程序和权力的灵活性;对环境变化和业务发展的稳定性和适应性;以及沟通质量、信息渠道的可靠性和各单位之间的协同作用。

这项评估还将有助于评估公司的社会绩效,并了解公司的社会氛围和文化特征。许多定性和定量的方面和标准可以用来评估企业的社会文化层面。

在公司的社会文化方面,可以审查以下文件:现行的劳动法规,即劳动法、公司活动分支的集体协议、员工条例和/或内部规则、工资表、雇佣合同的范本和劳动力的详细说明(全名、年龄、教育、经验、资历、任务)。

"诊断员"还可以分析与公司有关的主要社会因素,如:按专业类别和类型划分的人力资源的演变、社会成本、培训、缺勤和更替,以及管理层和长期工作人员的比例。

3. 质量体系审核

该审计可由 ISO 9000 的合格审核员进行,并应确定公司是否应用和遵守 ISO 9000 2000 版"质量管理体系"中定义的质量管理原则。最后,对质量体系的评估是基于对质量指标演变的分析,如产品退货、客户投诉、废品(生产缺陷)的数量或价值以及非质量(浪费、废品、退货)的成本。对观察到的各种缺陷应进行分析,以确定造成这些缺陷的因素,如原材料、机器、劳动力。因此,这种对原因的分析将使分析人员能够确定要采取的优先行动和控制手段,以求改善后符合 ISO 9000、2000 版中所定义的原则的质量管理系统。在所进行的分析和调查结果的基础上,"诊断员"必须首先能够清楚地确定在管理能力、结构和社会绩效方面的关键性全球问题,调查其原因并确定其对公司经济绩效的直接和间接影响,然后列出可能的解决方案,最后估计为更好地利用公司的人力资源所需的行动和措施。

4.4 工业企业升级战略

为了准备、适应和立足于这个以全球化为特征的新经济形势,工业企业必须设计和实施一个升级计划。

这个方案的基本组成部分之一是选择和建立一个适应这个新的自由贸易经济中新的竞争条件的战略。在这种新的竞争环境中提出的最突出的战略是什么?如何制定战略来提升公司竞争力并促进其进入国际市场?为提升工业企业,可以采取哪些可能的战略?

4.4.1 全球化以及战略升级

在这种以许多不确定性、复杂性和全球化为特点的新背景下,必须考虑全球化和建立自由贸易区将如何改变所采取的战略,以及工业企业在升级过程中应采取哪些战略?

升级战略的确定和选择是工业企业战略升级过程第二阶段的一部分。可以说,一个公司的成功或失败是由它为竞争而选择实施的战略的性质决定的。在欧盟这样一个竞争激烈的市场中,工业企业要想取得成功,就必须采取"竞争战略",使其能够在其活动领域比所有竞争对手保持持久的竞争优势。美国工业经济学家波特(E. Porter)区分了两类使公司具有比较优势的基本战略:成本主导战略和差异化战略。

为了在不断的竞争中取得成功并保持自己的地位,公司必须不断地挑战它将寻求的资产类型以及在多大程度上可以实现这些竞争优势。获得竞争优势取决于公司如何管理、开展和组织其所有活动。它的每一项活动都为客户和公司创造价值。

对于一家公司来说,我们可以区分主要活动,如生产、营销、财务、人力资源,以及物流、供应、售后服务等支持活动。为了获得相对于竞争对手的竞争优势,企业必须向其客户提供与竞争对手提供的价值相当或更高的价值(成本主导战略),或者开发能够允许高销售价格的独特类型的活动(差异化战略)。

没有一种战略是普遍适用于每个行业或公司的。每个行业、每个公司都是一个案例。然而,在许多行业中,可以看到不同的获胜策略并存。这取决于公司对优势的类型和竞争领域的战略选择。表 4-9 显示了一些行业做出战略选择的例子。

表 4-9 不同行业的战略选择

国家或地区	产业	分段	战略选择
意大利	鞋类	高端	差异化战略
中国台湾地区	鞋类	低端	成本主导战略
德国	汽车	高端	差异化战略
韩国	造船厂	中端	成本主导战略
日本	汽车	中端	成本主导战略
法国	农业食品	高端	差异化战略
突尼斯	农业食品	中端	成本主导战略

4.4.2 战略思维和升级

作为升级过程中的第一步,公司战略诊断中收集到的所有证据和提出的建议,似乎为恢复生存能力和竞争力所需的行动提供了一个明确的选择。

这一选择不能免除对公司未来的战略思考,原因有很多:

首先,新十年的特点是复杂性和不确定性。对企业经营环境的分析很少能确定地得出关于市场发展、竞争行为、新技术开发、政府态度等的单一可能情景。其次,正如研究和调查所发现的那样,大多数在发展中国家经营的企业,有时使用的是基本的技术,经常分包给客户和/或生产中低端产品,并在竞争激烈的市场上运作,新进入者对其的威胁很大。最后,公司的资源是有限的,因此必须以最大的效率使用。

在这种环境下,竞争的加剧和国际化不断改变着公司的成功因素和业务,公司必须进行有条不紊的长期战略思考,目的是及时确定市场和成功因素的可预见的演变,确定公司相对于竞争对手的优势和劣势,以及可能的发展方向和要实施的战略。因此,必须考虑到几种可能的情况,以优化提升和发展公司竞争力的机会。

4.4.3 战略的制定

制定一项战略是升级过程中第二阶段的目标,这意味着需确定要实现的目标、要实现的手段和组织模式。对于在竞争激烈的市场中运营的公司来说,基本目标显然是提高其绩效(在生产力和增长方面)和竞争力,并巩固所取得的成果,以确保其未来的发展。

在诊断结果的基础上,有必要为每一个可能的和现实的战略选择起草一份可行性研究报告,同时考虑上述目标、企业的现状及其可能的演变、可以调动的资源、有关伙伴采取行动的意愿、法律、财务、商业、技术和人力方面的限制以及其环境的可预见的演变。由于每个企业都是一个特殊的案例,没有一个单一的策略能够提高工业企业的活动绩效,所以很难制定一个可能的升级战略的详尽清单。此外,还可以根据每个具体的活动领域和每个活动的生命阶段来设计具体的升级战略。

在对每种可能的战略进行研究的基础上,可以与利益相关者协商选择升级战略:股东、管理层、银行家、供应商、客户和个人。因此,对每项战略的审查将有助于确定所选的目标,明确执行战略的手段和途径,并为每个行动者规定"谁做什么、如何做和何时做"。因此,必须明确界定每个行动者的作用和承诺。当然,最好的战略是一方面尽可能少地利用资源实现既定目标,另一方面得到所有有关行动者的支持。

4.4.4 工业企业升级策略

对于工业企业,特别是那些从事出口和全球化活动的企业(例如纺织和农产品工业被认为是成熟和竞争激烈的行业),我们提出的可能的升级政策选择是兼容的,可以结合起来。升级策略主要有三个:重新聚集战略、伙伴关系战略和灵活性战略。我们同时也考虑到发展中国家工业企业的主要特点,这些国家的企业往往规模很小,财政资源普遍有限,生产能力利用不足,营销、基本质量和设计管理方法薄弱,商业和技术信息来源不足。现将这三种升级策略概述如下。

1. 重新聚焦战略

围绕"核心业务"重新确定活动重点和调整公司规模,在必须加入自由贸易区后变得十分迫切。因此,公司可以专注于它拥有或可以拥有独特技能的产品/市场,并使自己与其他市场脱离。这将使公司能够在其客户和竞争对手面前创造一个个性化的形象。例如,BSN 集团(法国)已经放弃了某些领域,发展其"矿泉水"业务。对于这种类型的产品,BSN 已经扩大了其地理覆盖范围,并成为西班牙、法国和意大利市场的领导者。

随着这个市场的开放和国际化,某些公司在增长和/或市场保护时期所展现的仓促和错误正在受到质疑。一些公司在最初的投资规划和/或扩建中做出了错误的选择(即使在停滞期也没有停止),而且往往在没有进行可行性研究的情况下进行,导致项目的规模过大,目标过高,发展中国家的平均产能利用率在50%左右,就证明了这一点。

从20世纪80年代起在法国发展起来的重新聚焦战略,包括重新聚焦于公司具有真正竞争优势的最有利的活动。一棵果树只有在修剪了枯木和多余的树枝后才会有充分的生产力;公司的情况也是如此。这一战略包括从被认为是边缘性的活动中剥离,加强优势项目,并向相关或互补性活动多样化发展。在许多受到威胁的公司在生产成本高和财务问题不断的市场中经营的情况下,这种战略是合理的。在一些发展中国家(阿尔及利亚、埃塞俄比亚、埃及、阿拉伯叙利亚共和国、苏丹等)和经济转型国家(阿尔巴尼亚、俄罗斯联邦、匈牙利、波兰等)经营的上市公司或大型私人公司尤其制定了这种战略。财政拮据迫使人们采取选择性的财政分配政策。

这一战略的选择必然意味着地理覆盖面的极大扩展,通过自由贸易区的协议进行扩展,但也意味着减少产品范围,专门从事公司在质量、技术和市场方面最能掌握的产品。这也意味着在同一范围内减少产品的多样性,以便专门生产公司在成本、质量和价格方面最擅长的优秀产品。

这种专业化可以给公司带来潜在的经济优势,这种优势来自经验效应的积累和规模经济的影响。它要求采取严格的行动,如撤资和加强核心活动的竞争。因此,脱离意味着处置与边缘活动或处于不利地位的活动有关的资产(设备、建筑、股份等),放弃某些对公司运营没有必要的单位,可能关闭车间或无利润的生产单位等。这种战略选择导致了纵向和/或横向的解体、某些辅助活动的外包和某些"死气沉沉"的产品的放弃,也可以调动资源来资助某些活动的发展和优先升级行动。

加强核心业务竞争的行动意味着持续努力,并将公司的资源更多地集中在数量有限的"明星"产品上,这些产品产生重要的现金流,其市场正在迅速增长,以加强公司所控制的活动的业绩和竞争力。然后,它将导致成本的降低和生产力的提高(经验曲线的影响、技术控制、库存的减少)、生产的合理化、产品质量的提高、对客户需求的更好理解以及在更少的产品上实现更大的营业额。

2. 伙伴关系战略

伙伴关系、联盟和合并是欧洲和亚洲公司为应对单一市场的挑战而发展的合作形式。这些合作涉及资格和资源的组合,并使以下方面成为可能:

①分散发展所需的一些高额固定成本。
②以优惠的条件提供融资。
③通过结合营销、研究和技术信息产生协同和/或互补效应。

发展中国家的主管部门应努力鼓励和刺激当地和外国公司之间的伙伴关系,并应努力消除法律和监管障碍以及公司法和税收规则的差异。公司应主动联系其合作伙伴,讨论并参与合作协议。由于经济全球化对扩大企业关系的影响,大企业和中小型企业必须在发达国家和发展中国家一级寻求全球化和自由贸易区带来的机会。

在这种竞争加剧的情况下,伙伴关系和联盟战略是公司发展的主要可能战略反应之一。与外部伙伴的协议和竞争者之间的联盟是相当特殊的行为形式,它偏离了竞争分析的传统模式,但今天它们显然具有战略层面的意义,应该加以分析。

发展中国家的企业和发达国家的企业之间的伙伴关系完全适合于工业企业的升级和发展。在一个小而高度竞争的国家市场中,工业企业通过与本国或外国企业联合,汇集它们的知识和技术,以便在技术、商业和金融层面产生协同效应,将获得很大的收益。

例如,突尼斯番茄和辣椒罐头行业的情况就是这样一个例子。有46家公司为停滞不前的当地市场生产西红柿和哈利萨辣酱的双重浓缩产品。出口的数量非常少,只限于产量的10%左右。寻求并参与西班牙、法国、意大利或土耳其公司的合作项目,可能是解决该行业的一些公司正在经历的产量、多样化和出口问题的办法。这些伙伴关系可以使其有可能引进:①新的种植技术(在突尼斯,产量为27吨/公顷,而土耳其为38吨/公顷,法国为54吨/公顷);②进一步多样化生产该系列的所有产品(去皮番茄、番茄汁、番茄酱、辣酱等);③发展符合现代质量和营销标准的新包装形式(玻璃罐、管子等而不是已经使用了30年的焊接金属罐)。这些建议将有助于振兴该行业,并促进对欧洲、中东和非洲的出口。这一战略也可以适用于非洲的服装公司。与当地或外国公司的伙伴关系可以解决这些公司在管理、营销、分销、规模、质量和其他方面的一些困难。

这一战略的成功主要取决于合作伙伴的选择,所以必须仔细考虑合作伙伴的情况,因为这是一个发展平等伙伴关系的问题,公司在其中不仅扮演分包商的角色,而且是完全的合作伙伴。合作伙伴关系也是,而且最重要的是,信息和经验的交流,这使得合作伙伴之间发展更好的协同作用成为可能,其目的是为客户提供具有最佳性价比的产品。

这一战略有助于克服发展中国家大多数工业企业所存在的一些障碍和问题。事实上,双方之间的伙伴关系采取的是协议的形式,而协议一般都有时间限制。它不会威胁到企业的独立性,企业可以保留自己的身份和文化;此外,它还具有灵活性、谨慎性和可逆性。这种伙伴关系的约束力往往比收购或合并要小得多。因此,合同途径对公司来说比资本整合更有利,因为它更具灵活性。

通过合作,合作伙伴之间的关系在提高产品质量和包装、增加产品的价值等方面发挥了重要作用。合作协议还可以提高生产能力,丰富产品种类,为新技术和/或新市场提供快速通道,提供获得相关技术和/或商业信息的机会,并促进协同作用。

此外,它的建立成本并不昂贵,并通过减少与购买或销售行为有关的某些公司成本、营销成本、广告、存储成本等而产生竞争收益。伙伴关系协议的资金还可以通过与发达国家签订的一个信贷额度来保证。埃及、摩洛哥、突尼斯和许多其他国家,正在朝这个方向努力,通过投资促进机构和组织商业论坛,寻找并汇集这些国家的企业与外国合作伙伴。

然而,由于难以找到贡献均衡的合作伙伴及法律和监管障碍,以及公司法和税收规则的差异,企业实施这一战略会受到阻碍。为了发展国家和国际一级的合作,大多数发展中国家的法律和财政障碍仍然需要克服,以便通过引入法律形式,如经济利益集团、修订公司法,特别是合资企业法等,促进和刺激商业组合。

3. 灵活性战略

人力资源和物质资源的灵活性也是工业国家大多数企业最近采取的战略选择。在员工培训和发展方面,以及在设备更新和现代化方面,灵活性可以在升级过程中发挥重要作用。为了应对日益同质化和个性化的需求,并具备及时反应的能力,公司必须拥有并调动灵活的人力和物力资源。在一个竞争激烈的市场中,从单一需求到多样化和个性化的需求,以及技术发展(可编程数字控制机器、工业计算机辅助设计(CAD)、模块化设计),使我们能够在不增加大量额外成本的情况下,在更短的时间内生产小批量、异质产品,在新的全球化和自由贸易区背景下,对灵活性的追求可以成为企业升级的战略和源泉。灵活性是指在不依赖过度生产能力或额外劳动力的情况下,对环境变化不断做出反应的能力。该战略旨在利用新的灵活技术,从下游到上游减少公司生产的中间产品的多样性,在不影响生产过程的情况下生产异质产品,扩展特定产品可能实现的功能,并最终减少与环境变化相关的反应时间(以正确产品的设计和生产时间、客户要求的时间和无缺陷来衡量)。

如果不能调动大量投资,也不能迅速提供完全灵活的车间,可以采取一些渐进的措施和行动,例如:

①通过标准化、部件模块化、可互换性和外包来减少制造的异质性。

②加强员工灵活性,通过培训、激励和利润分享,确保更多的通用性和

流动性。

③重新组织和设计连续或不连续的生产线生产,以减少中间的储存、检验和浪费。

④加强各职能部门之间以及工作人员之间的信息沟通和协商,以便向一个更加一体化的业务系统迈进。

4.5 制订工业企业升级计划

升级计划,也被称为"商业计划",构成了诊断和战略选择的逻辑顺序。通过对整体战略诊断的综合分析,可以确定公司的目标、潜力和业绩之间的差异,最后提出旨在提高公司业绩的切实可行的解决方案。

战略选择的综合使我们有可能制定一个整体计划,将公司指定的目标、实现这些目标所需的手段和路径结合起来。所选择的战略特别界定了公司将致力于确保其升级的方式。这一战略假定了一定数量的经济、财政和法律选择,同时考虑到技术、社会和法律限制以及有关各方的建议。这些选择将在工业企业的升级计划中得到发展和正式确定。

升级计划是任何谈判的基本要素;它明确规定了所要求的援助和为确保计划成功所需满足的条件;最后,它既包括对企业状况的回顾性分析,也包括对其至少未来三年的活动预测。

那么,提升计划的正式和实质性要求是什么?成功的条件是什么?如何确保其实施和监测?

4.5.1 制订升级计划

制订升级计划是战略升级过程(SUP)的第三步。升级,就像企业恢复计划一样,必须正式确定有兴趣拯救企业的合作伙伴的行动意愿,因为恢复计划的成功取决于在各个合作伙伴之间取得共识,这无疑是最难管理的一个方面。

为了成功地与合作伙伴进行谈判,负责起草升级计划和谈判的管理者可以采取以下方法:

①必须充分了解企业的优势和劣势、诊断的结果、将要采取的战略以及升级计划中的经济和财务选择。

②它将需要了解每个合作伙伴的政策立场,并评估每个立场的经济和财政结果。

③谈判会议必须做好准备(日期、地点、议程、目标、情景、约束条件等)。

④为了提高效率,应与每个合伙人分别进行谈判。谅解备忘录或会议记录应予签署。

⑤应特别关注重要的利益相关者,包括合作伙伴、银行家和员工代表。随着讨论和谈判的进展,他们应被告知情况,并可能参与做出可能对升级计划产生重大影响的重要决定。

4.5.2 升级计划的形式要求

升级计划要求在制订和预测过程中绝对严格,并应考虑公司的内部和外部环境,努力涵盖公司的所有层面。利益相关者对该计划的接受不仅取决于信息的可靠性、解决方案和拟议措施的可信度,而且还取决于所提交计划的形式和质量。参与者将主要根据计划的形式和内容来判断计划的可行性。因此,鉴于其重要性,升级计划的背景必须是全面、准确和明确的。例如,在突尼斯,该国升级项目办公室建议希望从该计划中受益的公司在升级文件中包括申请、项目表、诊断和升级计划的副本。

考虑到合作伙伴的信息需求以及访问现有内部和外部信息的能力,升级文件应包括以下数据:

①公司简介;

②对其现状的概述;

③升级行动;

④升级的条件和假设;

⑤有无升级的财务预测。

一旦升级计划被合作伙伴采纳,融资计划完成,企业就可以将其文件提交给国家升级办公室进行审查、评估和批准实施。

4.5.3 升级计划的内容

1. 公司简介

公司简介包括:

①公司的创建日期;

②公司的宗旨;

③资本结构、董事会成员或合伙人名单、审计师的名字;
④注册办事处以及工厂和销售点的位置;
⑤公司成立以来股本的演变;
⑥公司的银行名称;
⑦该公司生产的产品;
⑧该公司的主要市场;
⑨给予公司的税收优惠政策(如果有的话);
⑩按类别(高级管理人员、工程师、中层管理人员、工人)、按身份(长期、临时)和按资历划分的员工总数;
⑪组织结构图;
⑫制造工艺以及理论和实际生产能力的说明。

2. 战略诊断总结

战略诊断应包括:
①过去三年的活动(生产、销售、员工、生产成本、成本价格和结果);
②商业、金融、技术、组织和社会方面的优势和资产;
③目前在商业、技术、财政、组织和社会方面的困难和弱点;
④财务状况(对财务状况的总结):经审计的资产负债表、永久性基金的定义,以及在财务方面的资金数额;
⑤拟定的升级解决方案。

3. 升级策略和行动

升级策略和行动应包括:
①选定的升级战略。
②在升级计划框架内采取的紧急措施和行动,明确指出所选择的行动、所要求的援助以及在财政、商业、生产、就业和劳动力重组方面的预期结果。
③实施计划的时间表:立即、短期和中期行动。
④投资方案,每项投资都要提交一份数据表,包括:项目的描述;完成的时间框架;投资的金额;技术影响(生产力提高、维护、节能);选择的融资方法。
⑤资助方案。

该方案应提出计划的财务影响：股权、赠款和升级信贷。对于每一种资金来源，有必要明确金额、还款类型、使用信贷的时间表、信贷期限和宽限期、利率、佣金和可能的保险费，以及所需的担保及其费用。

4. 升级的条件和假设

升级的条件和假设应包括：

(1) **计划成功的条件**

这是一个需列出所有必须满足的条件的问题，升级计划的成功取决于这些条件：要求的援助、做出的承诺、获得的财政和社会利益、缔结的协议以及股东、金融机构、工会以及公共机构和当局做出的承诺。必须制定一个在数量和时间上的精确时间表。

(2) **所涉及的风险**

列出可能严重延误或妨碍实现目标或实现计划成果的所有重大潜在风险，例如在启动升级或履行承诺方面的重大延误。

(3) **基本假设和数据**

这涉及确定与销售和生产计划以及成本和收入发展有关的假设。做出这些假设时必须考虑到：

① 为未来几年设定的目标。
② 过去几年中公司统计数据的演变。
③ 提升计划中所规划的技术行动的生产和费用影响。
④ 进行的商业和技术研究。

在设定这些假设时应特别小心，因为它们主要用于制定财务预测。过于乐观或非常悲观的假设会对预测的结果产生重大影响，从而误导公司的利益相关者。这些假设包括以下内容：

① 销售计划：按产品和市场预测未来几年每年的销售数量和价值。
② 生产计划：预测未来几年的年产量、每个产品和每个工厂的数量；同样适用于副产品。
③ 购买原材料和消耗品的方案：应规定今后几年每年的购买方案，数量、价值、材料和货币。
④ 生产和运营成本：这是确定生产所需的其他成本，包括分包给外界的工作和服务、杂项管理费用、财务费用、折旧、税收。

5.财务预测

财务预测应包括：
①业务账户、预计资产负债表以及使用和资源表。
②多年期现金流量表。
③预计的现金流计划。
④经济利润率指标和一些财务比率。

上述的主要财务预测文件一方面将计划转化为数字，介绍结果并构成计划的综合，另一方面也是所有谈判和监测的基础。

4.6 升级计划的执行与监控

升级计划的实施阶段通常是一个长期的过程，需要所有相关方的承诺。因此，升级计划的成功取决于企业实现预期的目标和结果。该计划的实施包括将所要求的援助、承诺和与企业合作伙伴达成的协议及时付诸实施，以使其取得成功。一般来说，这涉及实施即时的生存行动、提高利润率的短期行动和巩固利润率并确保公司长期竞争力的中期行动。升级计划的实施和监测是战略升级过程的第四阶段。

4.6.1 前提条件

我们在这里仅列出了成功实施升级计划所需的许多条件中的一部分。

①正确选择负责实施升级计划的负责人。他或她的个性、能力、可用性、意愿和兴趣是基本条件。实施升级计划需要企业负责人有组织和授权意识，能够选择身边的人。经理在建立升级团队、制定组织结构图、授予必要的权力和确定各岗位在执行计划中的责任方面发挥着根本作用。

升级计划管理者在建立升级团队、制定组织结构图、授予必要的权力和确定各岗位的责任方面，在升级计划的执行过程中，特别是在决策、谈判、调动物质和人力资源、协调和绩效评估方面发挥着基本作用。负责升级计划的人在中小型企业中可能是企业负责人，在大型企业中可能是高级管理人员（工程师或经理）。

②为升级计划的实施制定详细的方案和时间表,具体说明要实现的目标、预期的结果以及按具体活动领域、每个领域内的部门和服务部门计划的活动,并列出活动和实施时间表(计划的开始日期和期限)。

③计划的实施速度。计划一经批准,就应立即开始升级,不得拖延。在执行过程中所有的延误,特别是在调动资源或执行所决定的措施方面,可能会影响目标和预期结果的实现。

④在工作人员的积极性和参与成果的基础上,建立良好的公司氛围。这包括向员工介绍企业的情况和升级计划的目标。劳资协议会,或者在没有劳资协议会的情况下,雇员代表必须参与并了解所有影响劳动力的决定。由 Cégos 进行的一项调查和 Brilman(1986)的试点结果表明,实施一项社会政策是所有成功转机的共同特征。根据布里尔曼的观点,这一政策的依据是:

(a)实践真理政策的勇气;

(b)有勇气与员工建立紧张而直接的沟通,以避免谣言;

(c)有勇气面对工会的力量;

(d)激发工作人员的积极性。

⑤建立一个简单的系统来监测和控制使用情况、资源、手段、成果和预期目标的实现情况。一旦开发和实施了上述监测管理系统和工具以及不同的行动,升级负责人将负责执行升级计划中规定的各种财务、组织、技术和战略活动和行动。负责人应遵守执行计划,并在必要时在方案执行过程中重新调整。

4.6.2　升级计划的实施

其他国家的成功经验表明,困难不在于制订升级计划,而在于在企业中具体实施。在这个阶段,升级计划被公司的所有或最重要的合作伙伴所接受。用于管理和监测升级计划的系统和工具已经设计并到位。升级计划的实施阶段包括从决定实施升级计划到企业实现其目标的这段时间。

要实施的行动因公司不同而不同。每家公司都是一个具体的案例,并对一个特定的逻辑做出反应。以下是为解决大多数实施升级计划的工业企业遇到的困难和问题可以采取的一些行动:

1. 改善管理制度

在这个框架内,考虑到战略诊断中发现的弱点,可以采取以下行动。第一,重组公司的结构,以降低成本和提高生产力;第二,重组和活跃市场和销售;第三,引进质量管理系统和计算机化系统,以更好地管理人事、会计、现金流、发票等;第四,在技术层面,改进和引进产品质量监控系统;第五,在技术层面上,改进并逐步引进灵活的生产系统和手段,使公司能够有效地适应并迅速应对环境和市场的不确定性和风险,引进质量管理系统,等等。

2. 工作人员培训

为了开展上述行动,往往需要对公司负责人和员工进行培训和发展计划,以确保人员的更大灵活性和流动性。鉴于其对生产力和公司业绩的影响,这一重要方面值得特别关注。

3. 金融重组

在调动第一批财政资源之前,对于财务状况"脆弱"的公司,可以立即采取行动,通过提前收取现金(加快交货和开具发票,对现货付款给予折扣,并对库存产品进行重大再投资),延迟付款,改善现金流(协商供应商结算时间,减少采购),暂停正在进行的投资等。

财务重组意味着及时释放和调动内部和外部财政资源,以执行升级计划。融资计划中列出了需要调动的各种内部资源,并说明了所需的最后期限和数额。有可能调动的资源包括:处置部分经营性固定资产或非经营性资产(处置土地、建筑、股权证券等)的资源;减少营运资本需求而产生的现金盈余(例如,减少库存和客户信贷,使用供应商信贷等);在自筹资金层面产生的资源,例如,来自于费用的减少、生产力的提高或销售的增加。

4.6.3 升级计划的跟进

正如前述所指出的,没有一家公司是能够免于失败的,因为即使是一个健康的公司也会出现衰退的症状,需要及早诊断。在一个不断变化的经济环境中,继续保持警惕是正确的主张。警惕是一种心理状态。这就是为什么为了生存,每个公司都被要求建立一个"监视功能"、监视装置或一个严格和定期的系统来监测公司的运作和它在环境中的地位。

大多数企业领导人所犯的最严重的错误是，他们几乎总是试图掩盖自己的困境，在做出反应之前等待的时间太长，从而危及其公司升级和恢复的机会。我们认为，工业企业家反应迟钝的原因有下列几个：

①缺乏针对工业企业的问题预防模式和环境监测方法。

②大多数企业领导人对企业恢复和升级的金融、财政和社会援助一无所知和/或缺乏兴趣。

③编制财务报表方面的延误。

④大多数工业企业缺乏预测管理。

正如 M. Holder、J. Loeb 和 G. Porter 在"Score of company"中所指出的那样，公司经理人对困难的早期认识可以减少在持续情况下恢复和升级的风险。在这种情况下，为了确保以预防为目的的严格监测，同时从法国1984年3月1日关于预防企业困难的法律和美利坚合众国有关企业司法重组的《破产法》(1987年)第11章中得到启发，我们提出了立即可操作的、廉价的监测手段，特别是针对在相当动荡和威胁的环境中经营的工业企业。它们是：

①定期进行诊断和/或在股东、银行家或审计师要求时进行诊断；这种诊断使其有可能形成对公司发展的看法，并在困难可逆转时采取行动。

②定期和按时起草各种会计和财务文件（双轨制、损益表、现金流计划、预算），并提交给公司的股东、银行家和审计师。

③为相关观察员建立一个"管理指标展示板"，特别是在中小型企业层面。这个展示板包括与结果挂钩的指标，并允许对照预测衡量和评估业绩。实施这一制度的前提是明确界定企业及其业务单位层面要实现的目标；有关工作人员参与确定这些目标；最后，在升级计划的基础上，编制年度和半年度资产负债表、每月投资和融资预算以及每月业务和现金预算。表4-10所示为工发组织为卢旺达一家乳品厂的援助。

表4-10 无形的升级行动：工发组织对卢旺达一家乳品厂的援助

行动建议	已实现预期影响
建立牛奶收集中心 建立将牛奶运输到牛奶厂的设施 农村奶农培训	卢旺达全国范围内对该部门进行重组 农业部门购买力增加 通过提高牛奶质量和产量增加就业机会

续表

行动建议	已实现预期影响
在当地乳制品产量增加之前,使用重组牛奶制造乳制品	将现有设施的利用率从20%提高到2022年的50%,并在2003年提高到100% 减少成品的进口
生产新产品,如多种口味的酸奶、发酵奶	拓展新市场 增加销量
通过向农业生产者提供培训确保原料奶中不含抗生素	发酵奶质量得到改善 对进口发酵剂进行记录
在工厂收到原料奶后,将其冷却至4℃储存,然后进行热处理	通过更好的工作规划来提高产量和质量
在95℃杀菌后再密封发酵牛奶	以降低包装运输和分销过程中产品变质的风险,从而延长保质期
对牛奶进行标准化处理,回收40%的奶油,将其转化为巴氏杀菌奶油和黄油	减少损耗的同时提高收益
提供自动参数控制:清洁液的温度和浓度 在节水系统中提供一个回收水箱,并引入自动分类 提供一个20 m³的储罐	更高效的清洗,质量得到改善 每天节约五立方米的水 减少因缺水引起的停产
提供塑料周转箱,用于储存和分发产品	减少运输过程中的产品损失风险
实施和监督操作程序和拟议的质量计划	保障奶产品的质量和安全性
协助建立营销系统	提高客户忠诚度、增加市场份额 建立私营的综合农业研究所
实施拟议的维护以及健康安全计划	酸奶和发酵乳灌装机将定期维护以控制生产
减少用水量并处理废水 减少包装废弃物	更好的保护环境

第五章 国际工业工程管理经验

5.1 葡萄牙工业现代化和升级计划

葡萄牙于 1986 年 1 月加入欧洲共同体。其情况可以概括如下：

①专业化程度低，主要依靠少数创造财富能力低的活动。

②结构不平衡，在原材料、资本货物和能源资源方面严重依赖其他国家。

③对投资创新、培训、信息、现代管理技术和组织的兴趣不高。

④工业结构不平衡，主要由小型企业组成。

⑤与国际公司的关系仅限于出口渠道，没有长期合作，在对工业和贸易的未来决策起重要作用的国际组织中没有足够的代表。

⑥研究工作薄弱，集中在大学里，与本国工业实际情况脱节。

⑦培训、信息、技术援助和研究方面的技术基础设施不足。

⑧管理、监督和劳动层面的人力资源素质低下；质量和生产力低下，在某些情况下约为其他共同体成员的四分之一，这损害了长期竞争力。

⑨经济利润率低，生产要素的回报率低。

⑩由于投资不平衡，无论是业务数量还是每项业务的金额，以及整合程度低，无法改变产业状况。强调传统技术而牺牲周转资金。

鉴于这种情况，政府迫切需要在其产业政策中重点实施一项综合方案，以促进解决上述弱点。然后制定了以下目标：

①改善市场运作，为葡萄牙工业公司的有效国际化创造条件。

②减少对进口的依赖，特别是通过使能源来源多样化（限制使用石油）以及促进资本和中间产品部门的发展。

③通过使投资多样化，不仅直接投资生产也要对技术和工艺进行投资，加强竞争力。

④根据需求调整技术，以提高技术潜力。

考虑到这些目标，葡萄牙政府于 1988 年与欧盟委员会商定了一个方案，以实现这些目标并缩小与欧洲共同体高度发达国家的经济差距。1988 年 6 月，欧洲共同体部长理事会批准了由欧洲投资银行提供的 10 亿欧元赠款和 10 亿欧元贷款的一揽子预算，以启动葡萄牙工业发展的特别方案，即 PEDIP 方案，葡萄牙还从国家预算中拿出 5 亿欧元。

从那时起,直到 21 世纪初,葡萄牙工业仍然受益于欧盟的财政资源。PEDIP Ⅰ(从 1988 年至 1993 年)、PEDIP Ⅱ(从 1994 年至 1999 年)和 POE(从 2000 年到 2006 年)已经成为葡萄牙产业升级的主要(但不是唯一)元素。下面将简要介绍前两项计划。

5.1.1　PEDIP Ⅰ(1988—1993):现代化和升级方案

这项计划从 1988 年持续到 1992 年,后来又延长到 1993 年,预算总额为 15 亿欧元的赠款和 10 亿欧元的贷款。它侧重于欧洲共同体和葡萄牙政府商定的四个优先事项:

①加快支持工业部门的基础设施的现代化进程;
②加强职业和技术培训;
③引导融资用于公司的生产性投资,主要是中小型企业;
④提高中小企业的生产力和工业质量。

与这四个优先事项相对应的不同内容是由欧洲共同体在几个基金下共同资助:PEDIP 的特别信贷额度、欧洲区域发展基金(ERDF)和欧洲社会基金(ESF)。该计划是根据这三个基金的特点而制订的,其特点是:

①临时性,持续时间为五年;
②综合性,它将包括一系列广泛的措施,以鼓励工业部门的升级;
③横向性,适用于整个葡萄牙领土;
④可调整性,在实施过程中任何时间都可以进行调整。

它由七个业务方案组成(见表 5-1),其中六个与上述优先事项有关,而第七个方案是支持活动(信息传播、执行和监测整个方案)。

表 5-1　业务方案

优先事项	业务方案	部门战略方案	
事项 1	核心和技术基础设施	PITIE	PRODIB
事项 2	职业培训		
事项 3	促进生产性投资		
	金融工程		
事项 4	提高生产力		
	工业质量与设计		
	信息传播、执行和监测		

随后,葡萄牙在其工业政策框架内制定了两个互补的战略方案:
①信息技术和电子综合方案(PITIE);
②资本货物工业发展计划(PRODIB)。

为了实现上述目标,PEDIP 计划向实施项目的工业企业提供直接支持,旨在:
①生产结构的创新、现代化和升级;
②获取和开发新技术;
③在具有增长潜力的部门建立新的工业单位;
④加强工业技术和人力资源管理能力;
⑤通过积极的商业战略促进质量、工业设计和营销;
⑥提高生产要素生产率水平。

5.1.2 实施结构:PEDIP 实施管理办公室

该方案的执行结构是根据该方案的临时性和多方面性质以及工业部的业务结构来确定的。鉴于该方案的临时性质和灵活性的需要,决定不设立过于复杂的结构。由于 PEDIP 是一个综合性的方案,包括若干战略和横向业务方案,需要一个能够协调上述各部门执行所有措施的机构来管理,因此专门设立了一个 PEDIP 实施管理办公室。

5.1.3 业务方案说明

项目 1:基础设施和技术

次级项目 1.1:基础设施

下列政策措施已被纳入考虑范围:
①加强工业中心的道路网;
②鼓励发展铁路基础设施和必要的设备,以服务于该行业最重要的货运线路;
③支持工业区港口基础设施和相关设施的发展;
④鼓励建设支持企业活动和协会的基础设施(展厅、用于培训和一般商业援助的多功能建筑等);
⑤支持改善对工业活动至关重要的其他基础设施,特别是在贫困地区;
⑥鼓励发展与能源有关的基础设施,特别是电力和天然气输送和分配

网络。

次级项目 1.2：科技类的基础设施

优先事项如下：

①协助小型计量实验室提高产品质量；

②发展技术中心，为工业部门的企业提供支持；

③协助小型计量实验室提高产品质量；

④发展支持工业企业的技术中心；

⑤鼓励新技术研究所在研究和生产之间建立建设性的关系，特别是在战略创新部门；

⑥建立英才中心，加强战略部门跨学科前沿技术领域的研究和工业互动；

⑦建立示范单位，加深特定领域的技术知识，迅速利用新产品和新技术的潜力；

⑧建立专门从事技术创新的企业孵化器；

⑨鼓励建立技术园区或集群。

项目 2：职业培训

根据优先目标制定了各种措施。选择它们是为了补充对其他方案的支助措施，包括区域发展计划，并满足工业部门的培训需要。因此，确定了以下优先事项：

①在选定的管理和技术领域为中高级工作人员提供中长期培训；

②实施 PEDIP 资助措施的一般培训，在被认为对工业发展很重要的部门建立培训机构；

③培训研究人员，以弥补公司人员配置方面的差距，从而确保公司的升级和现代化；

④通过建立培训培训师和教师的机构，并为 PEDIP 资助的培训项目编写和出版教材提供资金，提高培训质量。

项目 3：促进生产性投资

国家生产体系的结构性失衡使葡萄牙经济极为脆弱。因此，有必要在相对较短的时间内调整和升级工业部门，使其能够享受开放经济的好处。项目 3 是需要专门设计的，目的是直接鼓励企业改变结构，使之现代化，并帮助它们进行重组，以确保它们在这方面的长期竞争力和自主权。因此，它的主要目标是刺激对工业企业的投资,这些企业通过发展技术、创新、提高产品质量、回收能源和保护环境,使其结构现代化(升级)。

项目4:金融工程

为了加快工业发展,必须改善企业的融资条件。正是从这一角度出发,制定了项目4,以便为工业企业的全面现代化创造必要的财政条件,使信贷机制适应所执行的计划,并确保企业的长期融资框架保持平衡。该项目旨在补充和加强现有的激励计划,这些计划应与信贷机构协商和合作制订,优先考虑中小型企业。该方案下的大部分可用资源用于建立两个风险投资公司(其中50%由PEDIP提供资金)。

项目5:协助工程

该方案旨在通过示范和宣传活动提高企业的生产力,极大提高生产要素的效率,或协助组织具有相同目标但由于过于专业化而不属于任何其他PEDIP业务方案的业务。

计划在两个领域开展活动:

①支持新技术;示范、传播信息和向企业推广,以期显著提高生产力。

②协助实施企业项目,解决其他PEDIP方案中未充分开发的生产要素,特别是在生产组织和管理、供应和分配、能源及工业质量和设计方面。

项目6:工业质量和设计

鉴于当时的战略是在单一欧洲市场的背景下使葡萄牙工业成为一个开放的市场,企业的竞争力越来越取决于与其管理能力有关的因素;同时,也出现了一些工业质量和设计问题。因此,有必要在该方案下采取一系列措施,制定质量标准,并将其纳入一个连贯和全面的一揽子计划,以实现PEDIP的主要工业质量和设计目标。

为此确定的结构一方面考虑到对质量的重点关注,这是PEDIP的主要优先事项之一,也考虑到其他计划的预期效果;另一方面考虑到该计划的具体目标,即:

①加强国家质量管理体系的建设,以确保和提高质量,并为达到欧盟标准创造条件;

②促进遵守技术标准或规范,并在企业中推行质量管理政策;

③促进消费者权利和良好的客户/供应商关系;

④使工业设计成为生产过程的重要组成部分;

⑤支持鼓励缔结双边协定的机制,以确保共同体其他国家接受国家规范。

项目 7:信息传播、执行和监测

鉴于 PEDIP 的重要性、目标以及相关的人力和物力资源,必须特别注意其执行情况,并对其进行仔细监测,以确保适当使用欧盟资金。

此外,由于 PEDIP 的主要目标是使葡萄牙工业现代化和升级,它必须考虑企业性质与行业,特别是地理位置分散、难以获得信息的中小型企业。因此,一个信息机制对于该方案的成功至关重要,该机制有助于制定符合 PEDIP 主要目标并可纳入 PEDIP 的项目。PEDIP 没有直接资助工业发展;相反,它的目的不仅是向工业部门提供一套关于现有援助的明确和准确的信息,而且还协调使这种援助取得成果所需的手段和条件。

1. 信息技术和电子综合方案(PITIE)

PITIE 的主要目标是通过制定一项促进葡萄牙信息和电子工业现代化和扩张的战略,促进葡萄牙信息和电子工业的发展。它的目的是,一方面,创建和发展那些将大部分精力投入到葡萄牙经济结构现代化的公司,另一方面,为工业部门的改造做出贡献。

2. 资本货物工业发展计划(PRODIB)

鉴于资本货物工业对加强葡萄牙的生产结构和纠正结构性贸易逆差具有战略重要性,在 PEDIP 提供的援助框架内,启动了一项部门性方案,以横向和综合的方式发展这些工业,并做了相应调整。该方案的目的是在 PEDIP 期间增加资本货物工业在国家工业产品中的比重,同时通过适应用户日益增长的需求的高技术材料提高质量。

所使用的工具通常与 PEDIP 业务方案(1、2、3、5 和 6)相同,资本货物行业可以优先获得这些方案,即最大或共同的激励措施、保证达到一定上限的激励措施以及对所提供的不同类型援助提出单一请求的可能性。

表 5-2 所示为 PEDIP 各项目占预算百分比。

表 5-2　PEDIP 各项目占预算百分比

业 务 方 案	相对份额占预算的百分比/(%)
项目 1	34
项目 2	10
项目 3	41
项目 4	7
项目 5	4
项目 6	3
项目 7	1

5.1.4　PEDIP Ⅱ（1994—1999）：现代化和升级方案

PEDIP Ⅱ 计划由制订和实施 PEDIP Ⅰ 的同一个团队设计和管理，遵循了与前一个计划相同的路径，同时毫无疑问地受益于所获得的经验。然而，与 1988 年相比，1994 年的情况发生了很大变化：①由于 PEDIP Ⅰ 期间实施的产业政策，商业环境发生了重大变化；②政府已经在执行这类方案方面取得了一些经验；③管理结构基金的规则发生了变化。

因此，PEDIP Ⅱ 的设计和结构必须适应这种新的环境。PEDIP Ⅱ 和 PEDIP Ⅰ 之间的差异可总结如下：

①支持的方向已经调整为综合项目的设计；
②需要对具有更大结构影响的项目进行战略分析；
③利用公司自身资源或外部咨询服务，系统地提供诊断支持；
④除了项目本身的好处外，选择标准还考虑到项目实施后对公司的影响；
⑤为工业投资提供贷款；
⑥加强旨在降低中小企业融资成本的金融工程机制；
⑦采取了积极主动的措施来解决市场的自然弱点；
⑧计划增加外部管理参与，特别是在财务制度方面；
⑨欧盟成员国更密切和正式地参与方案的监测；
⑩建立了适当的评价制度。

1. PEDIP Ⅱ 计划

PEDIP Ⅱ 以 PEDIP Ⅰ 的经验为基础。通过制定 PEDIP Ⅱ，可以将产业政策与大量相关政策相协调。这避免了分散精力和浪费资金到其他政策方案(运输、通信、教育、土地利用规划、研究和发展等)更适合提供激励措施的领域(在区域发展方案下为此目的设立了其他方案)。PEDIP Ⅱ的主要目标是促进葡萄牙工业企业竞争力的持续提高,提高其适应迅速变化的技术和市场的能力,鼓励现代化、升级和多样化,并促进工业结构的国际化。

为了影响企业行为,PEDIP Ⅱ依赖于一系列自愿措施。总的来说,这些措施必须影响那些不是直接生产的因素,而是有助于提高或加强企业竞争力的因素,例如管理、质量、工业设计、创新、合作和培训,作为不同制度下激励措施的催化剂。PEDIP Ⅱ还将创新的管理技术、形式和程序引入企业,以期通过最适当的激励制度鼓励对其他企业进行类似投资。

2. 企业资助计划

工业企业战略激励计划(sindepedip)包含了一套措施,可适用于任何符合特定条件的企业。具体而言,该系统包括以下几组措施:

①企业评估援助:旨在鼓励有意愿的公司在外部机构的协助下进行诊断、研究和审计,以便采取战略行动扩大其业务。

②支持实施综合商业战略:适用于固定资本投资超过1亿葡萄牙埃斯库多(50万欧元)的任何项目。

③支持提高小企业:旨在帮助小企业实现现代化,使它们能够执行发展所需的小规模投资项目。对于更大的项目,这些公司有资格获得上一点所述的援助。

④支持提高生产力和展示工业专门知识:旨在通过一系列手段帮助企业提高生产力,主要是鼓励它们进行示范和公布结果,以便在同一部门经营的其他企业也能效仿。

⑤支持企业间合作:旨在促进中小型企业之间的合作,使它们能够实现规模经济和达到所需的竞争力水平,否则它们将无法实现这一目标。

⑥研发援助:旨在通过开发新产品和新工艺,鼓励企业投资于创新。

⑦工业质量援助:通过这一具体援助,该方案旨在促进认证和企业全面质量管理体系的发展。

⑧支持使用工业产权制度:旨在鼓励企业和个人申请专利。

⑨帮助利用资本市场:旨在使中小企业能够进入第二个证券交易所市场。

PEDIP Ⅱ提供了直接财政支持和间接机制,以鼓励金融体系以更优惠的条件提供更适合中小企业需要的产品。在上述各种援助下提供的直接援助包括：

①补贴：用于非直接生产性投资；

②无息贷款：用于直接生产性投资。

援助金额取决于对项目性质和计划的激励措施（贷款或赠款）类型的总体分析。因此，如果是补贴，它的比例在30%至70%之间，而贷款的比例在40%至80%之间。

3. 鼓励创造更有利的商业环境

在这方面，PEDIP Ⅱ方案的主要目标之一是巩固在前一个方案下建立或加强的基础设施。其目的是通过提供人力、行政或管理能力建设援助，或通过将其市场份额扩大到工业企业，为这些基础设施的运作创造必要的条件。该方案有助于巩固以下结构：技术和质量基础设施、协会基础设施，特别是商业协会、工业支助服务和技术研究所。

对这些结构的支持将由特定的激励系统Sinfrapedip（加强技术和质量基础设施）、Sinetpedip（加强技术研究所）、Sinfepedip（金融工程商业援助）和Sinaipedip（专业协会）管理。

在承认上述各种结构的重要性的同时，PEDIP Ⅱ计划特别关注技术基础设施的巩固，因为这些对创新具有关键意义的支持结构被认为对提高中小企业的长期竞争力是不可或缺的。PEDIP Ⅱ计划通过以下方式加强了当时发展缓慢的基础设施：

①支付建立和加强技术和管理技能所需的某些类型的业务费用的很大一部分；

②在需求方面，向使用这些系统提供的服务的公司提供大量援助（向使用支助结构的公司提供最高80%的援助）；

③承担涉及多个公司的创新产品或工艺的随机项目的大部分费用；

④鼓励有助于由企业联盟和支持结构提出企业发展的创新项目。

中小企业获得的融资机制是振兴经济的另一个重要组成部分。1994年，尽管金融产品有所发展，但与较发达国家的竞争对手相比，葡萄牙的中小企业仍然处于不利地位。因此，PEDIP Ⅱ计划通过其SINFRAPEDIP激励计划在这一领域发挥作用。因此提出了以下行动：

①通过促进股票（部分为固定收益，部分为可变收益）增加融资；

②协助葡萄牙建立相互保证制度；

③为固定资本管理基金提供援助。

4. 预测性措施

鉴于市场的不完善和需要加快变革步伐以确保葡萄牙工业的竞争力,人们认为该方案应提供比 PEDIP Ⅰ 更多的预测性措施,以鼓励被认为对企业发展至关重要的活动,因为市场力量不足以使其自发和迅速实现。然而,这些措施不可能是公共当局的简单愿望的结果;它们必须是后者与商人之间通过代表他们的协会进行良好合作的结果。

因此该方案考虑了以下几个方面:
①质量和工业设计;
②企业间合作和企业升级;
③产业战略国际化;
④创新和技术转让;
⑤提高环境意识;
⑥生产力任务和示范项目;
⑦促进工业技术基础设施;
⑧能源效率任务。

5. 职业培训

根据 PEDIP Ⅱ 计划的设计,职业培训不能与投资项目分开考虑。因此,在进行诊断时,必须适当考虑人力资源,以证明投资的合理性。

为了满足这一要求,在不影响方案设计的情况下,设立了一个独立的培训次级项目,包括四项业务措施:

①前两项措施只是为了将提供工业支助服务的组织和工业企业的培训费用纳入投资项目。

②第三项措施旨在填补培训缺口,并与不同的商业机构合作,改变或刺激企业对培训的需求。

③第四项措施旨在资助自愿行动的技术支持结构,包括研究和宣传活动。

6. 项目管理

PEDIP Ⅰ 计划的项目管理机构得到了保留,即一个成员有限的管理办公室,由工业部的各个部门和总局提供支持,以实施各种激励制度和预测性措施。在 PEDIP Ⅰ 的经验基础上,PEDIP Ⅱ 还包括一个管理、监测和评估子计划。虽然这个项目在预算方面是次要的,但它对 PEDIP Ⅱ 计划的成功极为重要。它为方案的核心活动提供了资金,包括宣传、监测和协助加强积极主动的措施及其影响。向所有潜在用户传播方案信息对于实现方案目标至关重要。事实证明,这项评估对制定未来的工业发展方案非常有用。

7. 项目预算

PEDIP Ⅱ 计划的预算总额为 23 亿欧元,涉及公共资金(欧盟和国家预算)。大约 57% 的预算用于 SINDEPDIP(企业升级支持)。

5.1.5 PEDIP Ⅰ 和 Ⅱ 方案的结果

PEDIP Ⅰ 项目的截止日期是 1993 年 12 月 31 日。表 5-3 概述了根据 PEDIP Ⅰ 收到和批准的项目数量。一个独立机构对该方案进行了评估,并发表了一份报告,其中明确指出,PEDIP Ⅰ 在其整个周期内为葡萄牙工业的现代化和发展做出了重大贡献。

表 5-3 PEDIP Ⅰ 项目成果概括

方案	PEDIP Ⅰ—概括(单位:百万埃斯库多)				
	收到的项目		核准的项目		
	数量	投资	数量	投资	帮助
核心和技术基础设施	637	238 339	359	130 906	90 424
职业培训	2005 年	71 885	2082	30 436	21 328
促进生产性投资	6074	848 354	2632	445 622	96 105
提高生产力	2229	92 415	1009	37 124	15 674
工业质量与设计	995	24 351	461	12 354	9069
总计	10 940	1 275 344	6543	656 442	232 600
金融工程					7590

PEDIP Ⅱ 项目的截止日期是 1999 年 12 月 31 日;该方案将于 2001 年底正式结束。表 5-4 概述了收到和批准的项目数量以及提供的援助数额。

表 5-4　PEDIP Ⅱ 项目成果概括

PEDIP Ⅱ—概括(单位:百万埃斯库多)

激励系统		收到的项目		核准的项目		
		数量	投资	数量	投资	帮助
Sinfrapedip	对加强技术和质量基础设施的援助	242	36 711	220	35 162	14 87
Sinaipedip	工业支持服务援助	281	34 019	227	30 962	15 467
Sindepedip	对工业企业的战略援助	7060	1 957 059	5597	14 443 345	337 296
Sinfepedip	利用金融工程机制支持工业企业	20	48 933	18	44 933	22 905
Sindetpedip	对加强理工类学院建设的援助	13	16 431	13	16 431	11 319
小计		7616	2 093 153	6075	14 570 833	401 863
	预期措施	246	73 329	241	91 994	57 814
总计		7862	2 186 482	6316	14 662 827	459 677

5.2　突尼斯国家工业升级计划

1995 年,突尼斯与欧洲联盟签署了自由贸易区协定。为了满足这一新环境的要求,突尼斯政府制订并实施了一项国家经济和工业结构升级计划 PMN(Programme national de mise à niveau)。正如突尼斯当局所希望的那样,建立自由贸易区的战略选择不是像一些东欧国家那样对欧洲"野蛮"开放,而是逐步开放(逐步取消关税),并与专业人士密切协商,以便及时对生产结构及其环境进行必要的调整。

PMN 是非洲第一个大规模的工业升级计划。这个项目的目标是什么?它的内容是什么?资格要求是什么?它对企业有什么好处?取得了哪些成果?本章将回答这些问题。

5.2.1 升级的需求

在过去30年里,突尼斯工业得到了强有力的保护(限制和管理进口和许可证、批准价格等)。但是,尽管这对经济发展做出了重大贡献,然而,它仍然存在许多结构性弱点和组织缺陷(体制基础设施不足、以中小型企业为主的工业结构、行业间关系非常薄弱、一体化和管理水平非常低、技术依赖性强、设备往往陈旧或过时等)。这些弱点对处理取消本地生产产品关税的国际竞争性产业的出现和发展构成了重大障碍。

由于与欧洲联盟的自由贸易协定中关于取消当地制造产品关税的新规定,一些不再能够从保护措施中获益的公司的情况恶化,而另一些公司则有可能恶化,除非立即采取配套和升级措施。为了使工业企业适应新的环境,需要采取过渡性支助和配套措施,并为升级提供技术和财政援助。在这方面,大多数发达国家和新兴工业化国家在其发展过程中的某个时候,都制定和执行了工业结构调整的发展战略和方案,以满足自由化和开放边界的要求。例如,葡萄牙从1987年开始实施具体的工业发展方案(1988年启动的PEDIP Ⅰ和1994年启动的PEDIP Ⅱ),由国家预算和欧洲基金提供资金,以使葡萄牙的工业适应欧洲竞争。

5.2.2 升级计划的立法和监管框架

应该指出的是,"升级"是一个新概念,在突尼斯与欧洲签署自由贸易区协定之前就开始使用。立法没有明确界定这一概念,只起草了指导和管理结构以及为该方案下的活动提供资金的手段。从工业部分发的文件和简报以及官方讲话中可以看出,该计划涉及企业及其环境的升级。然而,1995年4月17日第95-34号法律所涵盖的困难企业没有资格参加该方案。只有在财政状况得到改善之后,才能这样做。

5.2.3 指导和管理机构

1. 管理机构

负责管理和监测该方案的是工业部长国务秘书处。

2. 指导委员会

1995年12月18日第95/2495号法令规定了工业竞争力发展基金（根据1994年12月26日第94-127号财政法第37条设立的基金）的组织和运作方式，规定设立一个指导委员会（COPIL），负责更新方案。

该委员会的作用是审查希望从升级计划中受益的工业企业的方案，并给予结构调整的溢价。该委员会由工业部长或其代表担任主席，汇集了外部代表、经济发展、就业和职业培训以及贸易、雇主代表（UTICA）、工会代表（UGTT）和金融机构。

委员会应在主席召集下定期举行会议。议程应事先拟订，并至少在会议日期前一周送交委员会成员。委员会可将其部分权力下放给一个小型委员会，让其对投资额较低（140万美元）的文件进行审查。

3. 升级办公室

1995年5月22日依照工业部组织的第95-927号法令第15条规定设立该机构。图5-1所示为升级办公室职责。

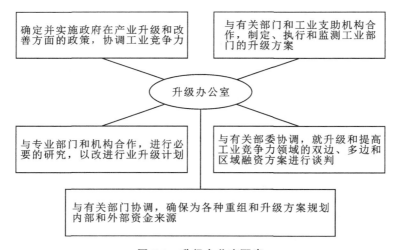

图5-1 升级办公室职责

5.2.4 升级计划的组成部分

该计划涵盖了企业及其更广泛意义上的环境的升级。该方案的初步费用估计约为 25 亿突尼斯第纳尔。

1. 环境升级

突尼斯当局在结构调整方案的框架内已经进行的改革是有效的,但改革还不够全面。为了使经济、金融、监管和社会环境对本地和外国工业更加有利和有吸引力,本计划特别建议采取以下行动:

①重新定义和设计行政部门的作用以及监管、控制、促进、质量、支持和分析的结构;

②加强支持结构,特别是技术中心、中央实验室、标准化和质量研究所、工业促进机构(API)等;

③加强职业培训能力和培训结构的建设;

④改造现有工业区和贸易自由区;

⑤振兴经济、商业和技术信息市场。

2. 企业升级

该方案旨在提高所有工业企业(没有经济困难)的水平,以促进和成功地融入欧洲经济。根据突尼斯对工业企业状况的各种研究以及突尼斯当局的声明,参与该方案的企业数量约为 2000 家。企业升级计划应优先采取行动,以实现:

①通过提高人的技能和质量来提高竞争力;

②获取新技术;

③加强公司的财务结构。

大约 60% 的资金用于企业升级,40% 的资金用于升级和直接改善企业的环境。

5.2.5　计划的业务和筹资程序

1. 操作程序

升级办公室开发的图 5-2 显示了业务升级的操作过程。通过对这些程序的分析得出以下结论:

①五个主要参与者参与升级过程:企业、银行、升级办公室、指导委员会

和设计机构(设计办公室、技术中心和 API)。

②银行参与了从诊断到企业升级的过程(批准融资计划)。我们认为，银行的承诺是这一过程成功的必要条件。为了进行诊断和升级计划，企业必须求助于技术中心、咨询公司和/或个人顾问。因此，公司有可能选择利益相关者。诊断和升级计划的质量和可信度取决于所选顾问的经验和能力。诊断报告和升级计划由升级办公室评估。报告和升级计划可能会被拒绝或不允许进一步发展。

③行动计划资金补助只有在企业负责人和工业部长签署协议，承诺企业实施升级计划后才会发放。

④保险费的数额随着升级方案的实施而发放；监测工作由技术中心负责进行。

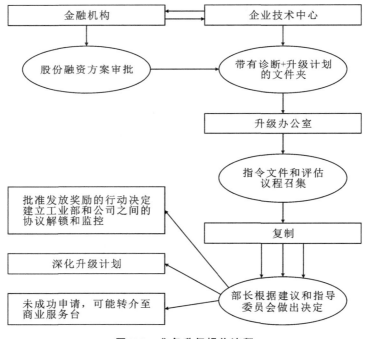

图 5-2　业务升级操作流程

2. 计划资金

通过设立一个专项基金，即竞争力发展基金(FODEC)，用以下方式为该方案提供资金。

1994年12月26日第94-127号财政法(第33至46条)设立了竞争力发展基金(FODEC)：占当地企业营业额和成品(不包括设备)进口价值的1%。

该基金的任务是：

①为提高质量的行动提供资金；

②为重组行动提供资金；

③资助战略部门研究；

④向工业技术中心提供补贴；

⑤采取任何其他旨在提高工业竞争力的行动。

该基金随后(1999年和2000年)扩大到：

①为ITP优先技术投资提供资金：实验室和分析设备、HACCP SAQ方法、CAD/CPAO/GPAO软件和相关技术援助；

②协助中小型企业承担战略职能、研究、创新、质量和方法方面的管理人员招聘责任。

因此，立法者的基本想法是提高广义上的竞争力，并对工业企业提供援助和技术支持中心进行重组。企业相关服务的升级也被纳入升级计划。

FODEC可发放的奖金应为：

对于升级程序：

①诊断和升级研究费用的70%(最高21 000美元)。

②20%的股权融资重组投资份额(无上限)；

③其他资源供资的重组投资余额的10%(无上限)。

设在突尼斯的外国公司也有资格参加升级方案。

对于ITP优先技术投资：

①奖金为设备成本的50%(最高10万突尼斯第纳尔)和无形投资成本的70%(最高7万突尼斯第纳尔)。

②鼓励中小企业招聘管理人员：每一次实际征聘(至少三次征聘)每年最高7000突尼斯第纳尔，为期两年。

3. 文件处理程序

希望从升级计划中受益的公司必须向升级办公室提交一份文件，其中包括申请、完整的项目表、总体战略诊断报告和升级计划。升级办公室检查档案并进行评估，必要时使用外部财务和技术专家。接受升级计划后升办公室将该文件列入议程,同时提交给指导委员会进行审查并给出意见。

指导委员会可:

①批准文件;

②要求进一步制订升级计划,以供审查;

③拒绝申请,并将公司转移到困难企业援助办公室。

5.2.6 升级计划的情况(至 2001 年 12 月底)

升级计划的情况见表 5-5 和表 5-6。

表 5-5 审批的演变

	1996 年	1997 年	1998 年	1999 年	2000 年	2001 年
企业数量	61	128	167	240	265	242
投资						
(突尼斯第纳尔)	189 083 614	262 160 046	387 786 239	300 240 418	449 929 328	489 719 917
资金						
(突尼斯第纳尔)	23 104 215	37 218 581	51 414 910	47 106 779	67 227 962	64 662 042

服务升级

批准的文件数量: 36

批准升级总投资: 1720 万

奖励: 56.8 亿

正在开发的文件数: 83

成员总数: 119

ITP 文件状态

批准的记录: 400

投资: 2320 万

资金: 1100 万

表 5-6 按部门划分的升级文件状况

金额/百万突尼斯第纳尔	农业食品工业	皮革和鞋业	化学工业	其他行业	建筑材料、陶瓷和玻璃工业	机电工业	纺织服装业	总计
批准的记录	166	91	63	173	76	134	400	1103
投资	522	850	158	257	454	270	338	2079
按部门划分的投资份额	25%	4%	8%	13%	23%	13%	16%	100%
无形投资(包括诊断)	53	19	20	34	34	52	63	274.4
无形资产份额	10%	25%	13%	13%	7%	20%	20%	13%
奖励	69	12	19	40	49	39	63	290.5
正在处理的文件夹	145	83	46	155	82	137	246	894
拒绝的文件夹	3		1			4		
会员总数	314	174	110	328	158	275	646	2005
目标	140	202	63	156	127	211	101	2000
加入率	100%	80%	80%	80%	80%	80%	59	100%

5.2.7 升级计划评估的初步结果

1. PMN 对企业的影响

在该方案启动五年后,升级办公室启动了一项对国家方案的评估研究,以期查明不足之处,更好地选择国家在第十个经济和社会发展计划中可以采取的主要指导方针。为此,预计对升级计划进行一次全面评估,包括三个部分:

①对 1996—1999 年期间 590 家获得升级批准的公司进行大规模定量调查;

②对受益于 FODEC 的 80 家公司的代表性样本进行更深入的定性调查;

③对机构部分的评估,包括 PMN 计划的其他利益相关者,还包括金融机构、工业部的相关部门、专业协会、支持机构、咨询公司等。

评估是由中立方进行的:国际学者和相关专家。

2. 定量调查的初步结果：成果与绩效

按部门划分的完成率如表 5-7 所示。

表 5-7 按部门划分的完成率

	农业食品工业	皮革和鞋业	化学工业	其他行业	建筑材料、陶瓷和玻璃工业	机电工业	纺织服装业	总计
营业额(1997—2000)[a]	44%	***	80%	61%	63%	55%	60%	65%
营业额(1997—2000)[b]	27%	***	58%	32%	70%	37%	33%	35%
营业额(1997—2000)[c]	80%	***	49%	70%	83%	83%	47%	63%

注：[a] 平均变化。[b] 总体变化。[c] 人口不足以进行部门分析。

变现率因项目而异，优先考虑土木工程和计算机设备，接下来是生产设备和其他材料。按投资类型划分的完成率如表 5-8 所示。

表 5-8 按投资类型划分的完成率

投资类型	完成率百分比/(%)
生产	72
计算机科学	75
实验室	57
土木工程	65
其他设备	54
设备总计	71
质量保证体系	16
培训	10
与生产有关的技术援助	3
其他技术援助	72
研究	5
软件	10
其他无形资产	30
无形资产总额	11

3. 升级计划前后活动的演变

(1) 升级计划促进活动和振兴就业

1997年至2000年期间,营业额的平均变化为65%(即每年18%),同期总营业额变化为35%(即每年11%)。三年来,出口收入总体增长了65%(每年增长18%)。2000年出口的公司中有11%在1997年没有出口。在接受调查的企业中,43%的企业在1997年至2000年期间的出口营业额平均变化了300%。

(2) 就业和管理

三年平均就业率为31%(即每年9%);在同一时期,就业率总体上增长了16%(每年5%),管理层有了显著改善,总体增长了62%(每年17%)。如表5-9所示。

表5-9 就业和管理的改善情况

	农业食品工业	皮革和鞋业	化学工业	其他行业	建筑材料、陶瓷和玻璃工业	机电工业	纺织服装业	总计
就业(1997—2000)	20%	14%	30%	10%	16%	4%	20%	16%
管理人员(1997—2000)	80%	58%	100%	48%	30%	30%	65%	62%

功能	PMN之前/(%)	PMN之后/(%)
总干事	15	14
营销商业	11	13
人力资源管理	6	5
生产	55	50
供应	4	5
研究与开发	1	2
方法	3	4
质量	5	7
总计	100	100
总体指导率	6	8

5.3 阿尔及利亚的工业升级计划

在与国际货币基金组织（IMF）签订的《扩大金融设施协议》（1996—1998年）的支持下，结构调整方案、重新安排外债期限以及所进行的改革使阿尔及利亚自1995年以来取得了令人鼓舞的宏观经济成果，但鉴于负面的社会影响和国际竞争对经济造成的威胁，仅仅这些还不够。因此，经济自由化要求实施一项产业升级计划，以持续有效的速度对企业及其环境进行有效调整。

对外贸易自由化已经开始对工业企业产生影响。事实上，私营和公共工业部门的竞争力今天无法在国内市场上与外国产品竞争，也无法征服外部市场。这一困难因强有力的保护主义而加剧，直到21世纪初，保护主义一直是阿尔及利亚工业的特点之一。此外，生产成本高，国际竞争力不足，甚至缺乏，以及对国内市场的主导甚至排他性，在这种管理、保护和低市场压力的背景下，工业企业不必考虑绩效和效率规则（技术、技术、人力、管理、商业、成本等）。这无疑削弱了阿尔及利亚产品的国际竞争力。

5.3.1 背景和理由

1. 背景

如果不支持企业及其支持结构，就不可能从保护转向自由化和公开竞争。竞争力取决于公司的业绩和环境。企业内部和外部的制约因素将使其能够适应新的市场条件，提高竞争力，发展出口和一体化能力，并产生积累和增长的能力。

- 欧洲联盟已经与突尼斯（1998年3月）、摩洛哥（2000年3月）和约旦签署了生效的协定。与巴勒斯坦解放组织（巴解组织）缔结了一项有利于巴勒斯坦权力机构的临时协定（1997年7月）；

- 与以色列的协定将于 2000 年 6 月 1 日生效;
- 与埃及的谈判已经结束,但协定尚未签署。目前正在与阿尔及利亚、黎巴嫩和阿拉伯叙利亚共和国进行谈判;
- 在《巴塞罗那宣言》之前,已经与塞浦路斯、马耳他和土耳其缔结了结盟协定。

阿尔及利亚加入欧盟自由贸易区(FTA/EU)和世界贸易组织(WTO)证实了阿尔及利亚融入世界经济的愿望。加入自由贸易区/欧盟和世贸组织本身就是一个重大挑战,需要制订计划,使经济做好应对这一挑战的准备。值得注意的是,欧洲联盟在考虑各个国家的特点的前提下,在双边一级与地中海国家谈判结盟协定。

签署这些协定的国家正在进行工业升级方案。虽然区域内贸易不到地中海国家之间贸易总额的 5%,但这些协定应为其发展创造条件。因此,塞浦路斯、马耳他和土耳其正在走向关税同盟。

2. 升级计划

企业只有通过产品、信息系统、管理、生产和商业环境的升级,才能面对国际竞争。过高的关税既不能使企业获得喘息的机会,也不足以保护国家生产。

因此,在贸易全球化和国家工业政策与全球工业发展相互依存的背景下,提高企业和工业系统的竞争力是一个主要关切。从这个角度来看,工业重组方案必须辅之以企业及其环境的升级方案,以及银行和金融部门的重组。

通过在升级计划中优先考虑无形投资的行动,该公司将处于一个具有竞争力的经济体中,目标是在国际上实现经济和金融绩效。从这个意义上说,企业升级不仅是产品、市场、金融和就业领域的一个管理目标,而且涉及所有必须伴随它的机构经营者。利益相关者之间的跨部门合作是一项真正的要求,需要一种新的方法来支持企业。

5.3.2 升级计划的目标

如图 5-3 所示,升级计划的目标应根据干预水平确定:

①宏观层面:政府和工业与重组部(MIR);
②在中观层面:地方、部门、技术的参与者;
③在微观层面:表示愿意从升级计划中获益的公司。

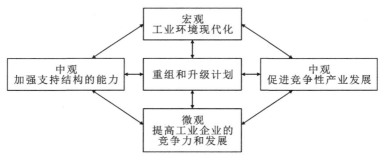

图 5-3　升级计划目标

1. 宏观目标

工业和结构调整部在工业结构调整方面的政策方向可概括如下:
①制定产业政策,作为支持和激励方案的基础。这些政策将与其他安全部门协商制定,同时考虑到国家和国际能力提供的机会;
②使用一种让企业和政府机构能够在中微观层面采取行动的工具;
③实施企业及其环境升级方案;
④实施一项提高认识和交流方案,使经济经营者能够清楚地了解产业政策行动,并明确说明企业可以利用的行动者和手段。

2. 中观目标

一个协调一致的方案需要结构化的合作伙伴。该计划旨在确定商业支持机构,核实并确认这些机构的使命和手段,支持它们的结构化工作,并确保它们的推广。这主要涉及:
①工业部门的雇主和专业协会;
②半官方机构;
③技术和商业研究所及资源中心;
④专门培训机构;
⑤银行和金融机构;
⑥工业区管理机构。
提升商业环境的方法将系统地旨在通过加强支持结构的能力来促进提

高企业的工业竞争力。可以促进这一目标的活动有：

①培训、项目评估方法；

②评估和监测升级计划的方法；

③协助升级（权力下放、任务、组织），使其融入工业结构调整进程；

④现有设备的识别、诊断和升级；

⑤新结构的可行性研究；

⑥协助实施新结构。

3. 微观目标

升级计划是一项提高企业竞争力的激励计划。因此，该方案需要从有别于促进投资或保障困难企业的政策的角度来看。

从公司的角度来看，这是一个持续改进（升级）的过程，必须引入一个进步、预测和质疑弱点的过程。最重要的是，它是一个公司自愿遵守的方案，而不是政府、国家或其机构强加的方案。为此，国家应对符合该计划资格条件的公司的需求做出回应。

升级行动的实施完全由公司负责，这些升级行动是：

①诊断和升级计划研究。

②无形投资，如：

(a)研究，包括研发；

(b)技术援助（工业产权）；

(c)软件；

(d)培训；

(e)建立质量体系（质量、认证等）；

(f)标准化；

(g)有助于提高工业竞争力的任何其他无形投资。

③实物投资，如：

(a)生产设备；

(b)搬运和储存设备；

(c)实验室、计量等设备；

(d)计算机设备；

(e)工业用生产设备和设施（冷、热、风、水、电）；

(f)与生产过程相关的开发和土木工程；

(g)有助于提高工业竞争力的任何其他实物投资。

5.3.3 用于升级的事项

1. 工业结构调整委员会

2000年7月16日第2000-192号行政令设立了国家工业竞争力委员会,规定了题为"促进工业竞争力基金"的第302102号信托账户的运作细则,委员会的任务是:

①制定公司和组织提交档案的程序,以便从基金提供的援助中受益。
②设定获得基金援助的资格条件。
③确定可能给予的援助的性质和数额。
④建立受益公司与工业和重组部之间的协议。
⑤监测和评估接受基金援助的公司的业绩。

该委员会由工业和重组部长、促进工业竞争力基金的授权官员主持,其成员包括:

①财政部长的代表。
②负责工业和结构调整的部长代表。
③负责参与和协调改革的部长代表。
④负责中小型企业和中小型工业的部长代表。
⑤负责贸易的部长的代表。
⑥负责外交事务的部长的代表。
⑦负责高等教育和科学研究的部长代表。
⑧阿尔及利亚工商会的代表。

2. 促进工业竞争力基金

2000年《财政法》通过设立促进工业竞争力基金,为提升行动提供了基本的财政支持。促进工业竞争力基金的发放是以财政援助的形式给予企业的,特别是包括以下几个方面。

(1)**对企业的财政援助**
这些财政援助旨在支付公司在以下方面发生的部分费用:
①总体战略诊断和升级计划;
②无形投资;
③与提高工业竞争力有关的实物投资。

(2)**为支持结构提供财政援助**

这些支出涉及：

①旨在改善与工业有关的生产或服务企业环境的业务，特别是旨在提高质量、标准化和计量、工业产权、培训、研发、工业和商业信息、分拆的业务；工业政策和战略以及促进工业部门的专业协会。

②与工业区和活动区恢复方案有关的所有行动。

③关于工业区和活动区恢复的研究。

④为工业区和活动区管理人员实施培训方案。

⑤旨在提高工业竞争力的所有行动。

总体路径示意图如图 5-4 所示。

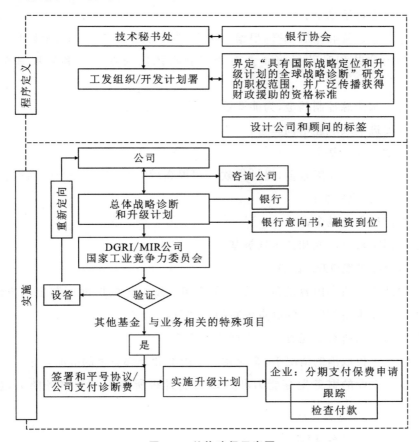

图 5-4 总体路径示意图

（3）**其他与企业有关的专项资金**

除了信贷政策、鼓励投资的税收政策和各种技术形式的直接措施、补贴、贷款和担保等激励措施外，国家还通过一项土地利用规划政策进行干预，该政策旨在通过优化经济定居点来改善人的地域分布：工业区和促进区的政策。这些地区的定向安置、工业发展补助金和工业调整补助金使国家能够指导其工业政策。

与公司升级计划直接相关的资金包括：

①土地利用规划基金；

②南部地区发展特别基金；

③国家环境基金；

④农业监管和发展基金，根据该基金，参与农业生产、加工、销售和出口农产品的公共和私营经济企业有资格获得国家农业监管和发展基金的支持；

⑤国家能源控制基金，为能源效率投资提供无息贷款；

⑥促进继续职业培训基金；

⑦学习促进基金；

⑧国家就业保障基金，提供贷款，为"提高现有生产能力和/或创造新活动的投资"提供资金；

⑨出口促进基金；

⑩国家科学研究和技术发展基金。

（4）**诊断和制订升级计划**

诊断的方法和内容是基于在开发署和工发组织的协助下制定的方法，作为工业和重组部实施的试点方案的一部分：

①与公司所有职能有关的全球战略诊断。

②在关税取消的情况下，企业相对于内部和外部竞争的战略定位。

③对企业的财务生存能力和调动企业升级所需资源的财务能力进行测试。

5.3.4 升级程序

公司获得实际实施升级计划援助的程序（见图5-5）分为两个主要阶段：

①由企业自由选择的外部顾问编写一份研究报告,其标题可以是企业的"整体战略诊断和升级计划"。该研究报告伴随着工业竞争力基金的财政援助申请,根据国家工业竞争力委员会规定的资格规则和程序,使企业有权获得赠款。

②在国家工业竞争力委员会同意和确认后,实施升级计划中规定的无形和/或有形措施,有权获得以下两种备选方案的财政援助。

(a)分三期支付,第三期在行动计划的实施结束时支付。

(b)在两年内一次性付款。

在特殊情况下,委员会可批准将所列行动延长一年。

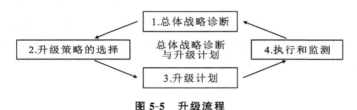

图 5-5 升级流程

1. 资格

下列企业有资格单独获得工业竞争力基金的财政援助:

①根据阿尔及利亚法律,在阿尔及利亚合法成立,经营三年以上(提交最后三份资产负债表),在商业登记处登记,并有财政身份证。

②工业生产部门或与工业有关的服务提供者。

③具有经财务业绩证明的业绩潜力和有利的市场。

④银行账户:公司必须在 $N-1$ 财年提交。

(a)等于或大于注册资本的正净资产;

(b)正营运资本;

(c)与权益相关的营业总收入等于或高于阿尔及利亚银行的政策利率。

⑤至少有30名长期雇员。

⑥提交申请,并附上全球战略诊断研究和升级计划以及银行融资协议。

2. 总体战略诊断

(1)公司的角色

进行升级的决定是公司的自愿选择。因此对设计公司和顾问的选择仍将是公司的自由选择。

(2) **设计公司和顾问的角色**

这是一种专业行为,涉及公司和办公室(或顾问)在选择行动和决定实施升级方面的共同责任。很明显,在这些选择的性质上,公司以外的任何实体都不能替代公司。这就是为什么将广泛传播关于公司申请资格和验证的方法和规则。将由咨询公司和顾问来确保他们熟悉这些规则。因此,有能力的咨询公司将确保不被不符合该计划资格规则的公司聘用。

(3) **公司申请介绍**

企业应向国家工业竞争力委员会技术秘书处申请促进工业竞争力基金的直接财政援助,并附上由企业和设计局共同签署的题为"总体战略诊断和升级计划"的研究报告。技术秘书处应广泛分发经委员会验证的划界案格式和具体程序。

国家工业竞争力委员会技术秘书处将确保:

①符合资格标准;

②融资计划有一家牵头银行的正式书面协议,该银行已核实其他出资人的承诺是否正确。

如果不符合某些标准,企业将立即被告知其有资格获得促进工业竞争力基金援助的条件。

验证标准将仅涉及公司提交的诊断质量、选定专家的质量以及分析方法。需要验证的主要条件是:

①财务可持续性:正净资产、正营运资本等;

②在国内和国际市场上的战略定位和竞争力,以期取消关税;

③会计信息的可靠性;

④公司和设计室共同提交诊断报告;

⑤全面遵守总体战略诊断方法和制订升级计划;

⑥升级计划对企业竞争力和生产力的积极贡献;

⑦遵守提交投标文件以获得奖金的规则;

⑧银行协议随附升级计划。

(4) **档案提交至委员会**

技术秘书处应在分析档案后,将档案连同其建议提交至委员会。委员会根据议事规则审议后,将对企业的申请发表意见。为了确保公司提交的资料的机密性和保密性,技术秘书处将只向委员会提交一份公司和设计公司都知道的摘要。它的建议是保密的,只有有关公司才会知道。委员会成员应遵守专业保密义务。

(5) **总体战略诊断和升级计划**

对"整体战略诊断和升级计划"研究的财政奖励是费用的70%,最高为300万阿尔及利亚第纳尔。诊断的财政奖金的支付与后续阶段的实施无关,升级计划必须详细界定这些阶段。然而,整体战略诊断的主要目的是实施升级计划。因此,企业被要求在拨款发放后一年内开始实施该计划。

(6) **升级计划**

升级计划可分阶段实施:

①第一批投资必须至少为有形投资的30%和/或无形投资的30%;
②第二批投资必须至少为有形投资的60%和/或无形投资的60%;
③公司可以选择将融资分为三部分、两部分或一部分。

援助为:

①无形投资成本的50%;
②15%用于股权融资的重大投资,以及10%用于信贷融资的实物投资。

(7) **财政援助的监测和发放程序**

在企业以委员会确认的形式提出申请后,技术秘书处可指定一个外部机构核实申请的实质性。这项审计将包括文件证据(银行提供的发票和付款证明)和投资的实际存在。在这项后续行动结束时,将以委员会核准的格式编写一份报告,正式确定援助的支付方式。

(8) **完成时间**

有资格获得财政援助的投资必须在签署协议之日起最多两年内进行。应公司的要求,可以通过减损的方式延长一年。促进工业竞争力基金的财政援助并不排斥为支持公司而提供的其他计划的好处。

图5-6所示为阿尔及利亚某工业企业总体战略诊断与升级方案案例。

总体战略诊断	升级计划	预期结果
优势 • 领导层愿意使用现代管理手段和技术，并对伙伴关系持开放态度 • 领导者的战略愿景 • 员工激励 • 业务信息和管理系统 • 当地和国际市场潜力巨大 **弱点** • 技术人力资源水平低 • 制造工艺控制不到位 • 财政资源有限 • 对大型、欠发达分销网络的销售 • 生产率低于欧洲竞争对手 • 产品质量控制薄弱	非物质行为 • 培训技术人员提高生产灵活性 • ISO 9000 认证质量管理体系简介 • 培训管理人员更好地满足出口需求 • 在当地市场层面采取持续的营销行动 • 与合作伙伴建立分销网络 • 为特定产品材料行动开发分包网络 • 生产车间自动化 • 采购质量分析和测试实验室设备	• 生产率提高50% • 废品产量减少 5%～2% • 出口销售额增加到营业额的50% • ISO 9000 认证

图 5-6　阿尔及利亚某工业企业总体战略诊断与升级方案案例

5.4　摩洛哥工业升级方案

自 1980 年代初以来，摩洛哥一直致力于一项广泛的经济自由化和结构调整方案。该方案旨在逐步融入世界经济，1994 年加入关贸总协定（1987 年）和世界贸易组织（世贸组织），最近与欧洲联盟（欧盟）签署的联盟协定和与欧洲自由贸易联盟（EFTA）国家的自由贸易协定加强了这一方案。

因此，摩洛哥正处于经济自由化进程的新阶段，在这些协定生效后长达 12 年的过渡期之后，摩洛哥将成为与这两个区域集团建立自由贸易区的中心。

由于这些协定规定取消关税，并使企业能够提高竞争力，因此政府与私营经营者协商，启动了一项配套措施方案。该计划旨在通过提高企业的生产力来提高企业的竞争力。

5.4.1 废除关税

根据摩洛哥和欧盟之间的联系协定以及欧盟和摩洛哥之间的自由贸易协定。在摩洛哥和欧洲自由贸易联盟之间的贸易中,适用于进口原产于这些国家的工业产品的具有同等效力的关税和税收,将根据表 5-10 所示逐步取消。此外,还规定最迟在这些协定生效后三年内取消原产于欧洲联盟和欧洲自由贸易区的产品的参考价格。

对于原产于摩洛哥的产品,欧盟将农业部分保留在这些产品的现行关税中,同时从关税中取消工业部分。农业要素可以是固定金额或从价税的形式。关于原产于欧洲联盟的农产工业产品,摩洛哥还规定将关税中的农业部分分开,同时考虑取消与工业部分相对应的关税。

此外,自《协定》生效之日起取消资本货物关税,三年后逐步取消对非本地生产的原材料、零部件和产品的关税,将降低生产成本,有利于企业提高竞争力。

因此,所采用的逐步淘汰原则应该让企业有时间适应,以完成其升级,从而成功地融入全球经济。

表 5-10 关税取消

年份	资本货物/(%)	原材料/(%)	备件/(%)	非本地生产的产品/(%)	本地生产的产品/(%)
0	100	25	25	25	
1		25	25	25	宽限期
2		25	25	25	
3		25	25	25	10
4					10
5					10
6					10
7					10
8					10
9					10

续表

年份	资本货物/(%)	原材料/(%)	备件/(%)	非本地生产的产品/(%)	本地生产的产品/(%)
10					10
11					10
12					10

5.4.2 企业升级计划

1. 目标

鉴于关税取消将导致建立自由贸易区，公共当局和私营经营者以协商一致的方式商定了配套措施。这些措施旨在提高企业的水平和竞争力。

2. 企业升级措施

配套措施分为三个部分：
① 一般措施 GM(General Measures)；
② 部门措施 SM(Sectoral Measures)；
③ 企业级措施 EM(Enterprise level Measures)。

上述方案目前包括七项行动：
① 加强接待基础设施(GM)；
② 出口促进(GM)；
③ 改善职业培训(GM)；
④ 加强专业协会建设(SM)；
⑤ 技术基础设施开发(SM-EM)；
⑥ 进行诊断(EM)；
⑦ 升级融资(EM)。

3. 指导升级方案

国家升级委员会的任务是：
① 确定、协调和监督提升公司的行动。

②确保它们与国家社会经济发展政策保持一致。

③确保当局和各利益相关方(投资者、国际组织、经济运营商和社会伙伴等)实施的方案的互补性。

国家升级委员会的组成：

①贸易和工业部(主席)；

②经济和财政部；

③商会、工业和服务业联合会；

④摩洛哥企业总联合会；

⑤摩洛哥银行专业协会；

⑥欧盟委员会；

⑦欧洲投资银行(观察员)。

委员会设立了七个工作组，由私营部门代表担任主席。这些多学科小组负责为执行所确定的行动提出切实可行的建议。这些小组分别是：

①加强东道国基础设施工作组；

②职业培训工作组；

③促进出口工作组；

④加强专业协会建设工作组；

⑤技术基础设施工作组；

⑥欧洲-摩洛哥企业工作组；

⑦财务机制工作组。

5.4.3 企业升级过程

1. 前期：完成诊断和商业计划

企业升级的关键步骤是：

①预测和深入诊断，确定关税取消对企业竞争力的影响以及企业的优势和劣势。

②一项发展计划或商业计划，涉及企业为提高竞争力而采取的各种行动：技术、财务、商业、人力、行政、组织等方面。该计划应附有筹资计划和时间表。

对于诊断和商业计划的制订，公司可以求助于欧洲-摩洛哥企业(EME)的服务。在这种情况下,诊断和升级行动的费用将由 EME 部分承担。

时间根据企业的专业性和问题的多样性而有所不同。EME 不是一个强制性的步骤。事实上,诊断和商业计划也可以由公司自己或其选择的任何其他机构来起草,在这种情况下,费用完全由公司承担。商业计划书应清楚地显示出以下需求:

①与工业设备现代化、获得新技术和可能的扩展有关的物质投资;

②无形投资,包括:

(a)人力资源开发和培训;

(b)加强行政管理;

(c)营销和出口发展;

(d)引入新的管理理念;

(e)建立质量保证体系;

(f)寻求技术、商业和金融伙伴关系;

(g)环境保护。

商业计划以及诊断的实施如表 5-11 所示。

表 5-11 商业计划以及诊断的实施

步 骤	目 标	持续时间	EME 贡献/(%)
预诊断	取消关税的影响 对公司主要优势、劣势、风险和机遇的影响 为进一步诊断确定后续干预的职权范围	每个公司 4 天	100
深入诊断和商业计划书	对主要功能障碍的分析 对公司升级最有决定性的功能进行评估 确定生产力的主要来源 制订企业升级行动计划,包括融资计划和实施时间表	几周	80
伴随行动	完成商业计划书中规定的主要行动	几周	70

2.商业计划书投资实现阶段

(1)**实物的投资融资**

生产工具现代化所需的财政努力不能总是完全由企业自己的资源来承

担。为资助企业升级而设立的机制考虑了以下需要：

①为获得银行融资提供便利；

②合并资本不足公司的股权；

③降低融资成本。

这个机制包含三个工具：

①升级担保基金；

②风险资本；

③升级信用贷款。

(2) 升级担保基金

① 资格要求。

投资前资产负债表总额不超过 2000 万摩洛哥道拉姆，升级计划不超过 1000 万摩洛哥道拉姆；具有潜在的生存能力，并提供诊断和商业计划。

② 供资条件。

符合以下条件的项目将获得升级担保基金担保：

(a) 自有资金和准自有资金：至少 30%。

(b) 银行信贷：不超过 70%。

③ 担保条件。

(a) 担保比例：信贷本金的 60% 加 6 个月的利息。

(b) 担保费：未偿还本金的 0.25%（加增值税）。

(c) 担保费的支付：一次性支付，并在签署担保协议后立即支付。它可以包括在投资的成本中。

④ 给予担保的程序。

由公司向银行提交申请文件，文件应包含：

(a) 银行在诊断和商业计划的基础上起草的摘要研究。

(b) 银行原则上同意具体说明发放信贷的条件。

(c) 任何可能有助于对申请进行评估的文件。

(3) 升级的风险投资

为了帮助申请升级的企业加强自身资源，弥补其自筹资金能力的不足，在摩洛哥工业升级计划的框架内，从欧洲投资银行（EIB）筹集了 4500 万欧元的融资额度，并转给银行（Banque Populaire，BMCE，BCM，BNDE，WAFABANK 和风险投资公司 ALMOUSSAHAMA）进行管理，这些银行也会提供贷款。

(4) **升级的信用贷款**

摩洛哥银行系统致力于支持公司的竞争性重组过程,为升级业务提供具体融资。

① 资格要求。

在投资前拥有不超过 2000 万摩洛哥道拉姆的总资产负债表,并且有不超过 1000 万摩洛哥道拉姆的升级计划。要有潜在的可行性,并提供诊断和商业计划。

② 供资数额。

贷款最多可为项目的 70% 提供资金。

③ 贷款期限。

5 至 12 年,有 1 至 3 年的宽限期。

④ 贷款利率。

最低有效银行基准利率。

⑤ 发放信贷。

有股权和准股权基金的承诺,按比例进行发放。

(5) **无形投资的实施**

① 在职教育。

跨专业咨询援助集团是在 1958 年由专业商业组织和联合会自愿成立。它的总体目标是促进其成员的在职教育发展,特别是中小型企业和中小型工业(SME)。

为此,跨专业咨询援助集团提供以下服务:

(a) 提高企业对职业培训作为其竞争力决定因素的重要性的认识。

(b) 为咨询活动寻求资金,以确定加入企业的技能需求,特别是根据资格标准和选择继续职业培训资助机构的标准,编写供资文件。

(c) 为企业准备融资申请提供必要的技术援助。

② 特殊职业培训合同。

帮助公司实施在职教育计划,为属于以下类别的行动提供资金,并按相应的比例进行资助:

(a) 工程类培训行动:研究和制订培训计划的费用的 70%~80%。

(b) 计划中的培训活动:最多为培训费用的 70%。

(c)计划外的培训行动:最多 40%。

3. 寻找合作伙伴

在欧洲-摩洛哥企业计划提供的服务中,开发了一个多样化的信息工具,包括一个文件中心和一个与欧洲主要服务器相连的数据库,以满足中小企业的商业、技术和金融信息需求。此外,欧洲-摩洛哥企业将提供个性化的合作伙伴搜索服务,以便在特定的基础上回应公司提出的具体要求。

4. 重新寻找市场定位

在这种情况下,除了商会和专业协会提供的服务外,欧洲-摩洛哥企业还将协助企业:
①建立商业联系;
②寻找商业机会;
③进入欧洲市场;
④参加欧洲贸易展销会和展览;
⑤制定和实施出口战略;
⑥营销和国际贸易技术等方面有关的培训;
⑦支持部门协会的行动和倡议,使成员公司在出口领域受益。

5. 资格要求

所有公司都有资格参加这一计划。这些中小型公司需要为顾问提供 30% 的费用,雇员超过 200 人的公司需要提供 50% 的费用。

5.4.4 战略诊断和升级计划:以摩洛哥一家罐头生产公司为例

SME 是一家家族有限责任公司,注册资本为 1350 万摩洛哥道拉姆。它与西班牙一家生产罐装辣椒的公司共同处于世界领先地位。这家公司还有储存食用橄榄(与油橄榄不同的品种)、辣椒、松露和西红柿的业务。

2000 年的产品:产量是 4,845,000 千克的罐装食用橄榄和 600,000 千克的罐装辣椒。产量的 95% 用于出口(德国、比利时、加拿大、美国、意大利)。2000 年,该公司的营业额为 6500 万摩洛哥道拉姆。

1. 公司资源

①35 名永久性工作人员(100 名季节性工作人员);

②现代高层管理(正在进行的生产管理信息化,投资 80 万摩洛哥道拉姆);

③使用季节性劳动力的半自动化设施。处理能力高达 19000 吨(276 个 10 吨罐和 99 个 24 吨罐)。

2. 公司面临的主要障碍和制约因素

①由于干旱和某些现有品种的食用橄榄的老化,摩洛哥的原材料(食用橄榄和辣椒)不足。

②与欧洲公司以及意大利和西班牙市场的激烈竞争,这些公司受益于欧洲援助和补贴计划。

③缺乏对国际食品卫生和质量标准的认识和执行。

④缺乏中级管理资源(高级技术人员和工头)。

⑤不控制能源(水、蒸汽、工艺),不优化生产成本,不加强对原材料或工艺部件(纯碱、盐、添加剂等)的控制。

⑥严重的环境损害:未经处理的污染废物(废水、纯碱、盐)的排放。

⑦由于收成不稳定和产品质量不符合进口商的规格和各种标准而加剧的财政困难。

⑧负债率很高,缺乏资本。

⑨手动或半自动工业。

3. 建议的升级计划

(1)无形投资

①这些紧急投资的主要目的是为公司提供质量管理体系和方法,以提高其竞争力,减少因产品不合格和工艺不优化(损失、节能)而造成的重大损失。

②改善食品卫生状况(提高员工意识和培训工人)。

③工作方法的建立和正式化实施(方法和操作程序办公室、可追溯性、维护);符合进口国各种规范的质量保证和认证计划(ISO、HACCP、QSM)。

(2) 实物投资

这些投资（最低限度）将有助于减少瓶颈和生产成本。它们包括：

①改善成品的储存和运输条件。

②建立用于分析和最低限度的内部检测的实验室。

③工艺任务的改进和自动化，以确保产品质量的可控连续性。

④安装新的包装线。

5.5 埃及工业现代化和升级方案

作为其经济自由化政策的一部分，埃及在1994年签署了乌拉圭回合最后文件和建立世界贸易组织（WTO）的协议，以及与欧盟国家、阿拉伯国家和东部及南部非洲共同市场（COMESA）国家的联系和自由贸易区协议。与欧盟国家的新协议将为工业公司，特别是在埃及经营的中小型企业提供机会，在一个涵盖3.5亿消费者的更发达的经济区扩大自己的影响。然而，该计划也对那些没有竞争力或不能适应国际竞争新环境的行业构成威胁。这种情况在短期内将意味着某些成本的提高和财政困难。埃及需要向全球竞争开放，接受市场的逻辑，公共部门在市场中的作用将减少。为了迎接自由化的挑战，促进埃及工业和中小企业融入全球经济，埃及企业和商业界将需要技术援助，以处理当前、中期和长期的调整问题。然而，自由化的积极影响将取决于结构调整政策、出口结构、促进中小企业的措施，特别是提高工业部门和中小企业的竞争力。

5.5.1 明确的升级需求

考虑到升级的重要性和紧迫性，工业和技术部优先考虑升级以下行业的公司：

①纺织业：纺纱和织造、染色和精加工、合成纤维。

②皮革业：鞋类、皮革制品、鞣革。

③食品工业：油、饲料、加工食品、罐装食品。

④化学工业：肥料和杀虫剂、纸张和印刷。

⑤矿产工业：矿产资源。

⑥机电工业:组件、资本货物。

埃及需要大量支持,以加强其工业在经济重建中的作用。此外,必须更加重视高附加值行业,特别是纺织品和食品,以便通过积极的出口政策,特别是在欧洲联盟和地中海国家,加快经济增长。根据《欧洲-地中海联盟协定》,埃及与欧洲联盟签署了一项协定,为工业现代化方案提供10亿埃及镑的赠款。

1999年第66号总统令批准了该协定。2000年签署的另一项总统令(第477号)规定了工业现代化中心的组织结构,该中心负责执行工业现代化方案。

工发组织制定了一项题为埃及国家工业现代化方案的补充方案,目的是协助各国政府使工业部门做好准备,迎接21世纪新形式的竞争。该方案的目的是在乌拉圭回合(关贸总协定)和《欧洲-地中海联盟协定》的范围内,支持工业现代化和提高竞争力的进程。该方案提供的大部分援助直接提供给私营部门的公司和机构,这些公司和机构提供的服务需要符合企业升级的需要。该方案的主要目标是:

①加强工业部执行和协调政府升级政策的能力。
②加强各机构的升级能力。
③支持优先部门选定的试点企业的现代化和升级。

鉴于工业现代化和升级方案的重要性,工发组织计划通过以下方式启动这一进程:

①建立组织结构和管理机制。
②制定立法和监管框架。
③协助建立财政政策。

5.5.2 升级方案的法律结构和机制

这两个方案(由欧洲联盟和工发组织制定)合并为一个综合工业现代化方案。该综合方案以三大支柱为基础:企业现代化、工业部门的升级以及产业政策支持和部门支持。

1. 企业现代化

①通过改进技术、设计、规划、维护和质量控制,加强竞争力;

②培训；
③管理和营销支持；
④外国直接投资，有针对性的匹配；
⑤出口发展；
⑥促进金融服务（长期贷款融资、信贷担保计划、风险投资基金）；
⑦设备的现代化。

2. 工业部门的升级

①建立企业信息中心和技术中心网络；
②建立"EGYnet"，这是一个向国内企业提供信息、咨询服务和国际联系的网络；
③加强专业协会的能力；
④建立产业集群；
⑤促进国家质量体系发展（国家认证机制、建立认证机构、促进国家标准）。

3. 产业政策支持和部门支持

①加强工业和技术部并使之现代化；
②产业政策现代化；
③部门研究；
④加强法律和监管框架；
⑤改善金融和银行系统。

5.5.3 工业现代化计划

工业现代化计划是埃及的一项前瞻性举措，得到了欧盟的大力支持，其目的是加强和巩固埃及工业和制造业在全球经济中的作用。考虑到这个部门可能是出口导向型经济增长和增加就业机会的主要驱动力，工业现代化计划旨在提高埃及工业在国内和国际上的竞争力，其重点是中小型企业，并在国家和部门层面提供技术援助。

它将优先考虑具有竞争优势和良好增长前景的工业子行业。埃及政府已经采取了相应的措施，精简规则和条例，并消除其他障碍，以全面改善商业环境。

IMP 的政治背景是巴塞罗那进程，目的是在地中海周围建立一个共同繁荣的区域。巴塞罗那进程基于三个基本原则：政治对话、平衡的经济和金融关系以及在许多社会和文化领域的合作。它主要的经济和财政目标是逐步建立货物自由贸易区和服务贸易自由化，实施适当的经济合作，并通过增加欧盟对其地中海伙伴（在此为埃及）的财政援助来支持这些举措。由于这种经济伙伴关系的基石是逐步建立一个欧洲-地中海自由贸易区，双方都认为合作是实现埃及长期经济增长的共同目标所必需的。这些好处不仅是经济上的，因为共同的繁荣自然会促进生活其他方面的改善，如共同安全和获得幸福感。

工业现代化方案旨在为中小型企业提供以下方面的技术援助：
① 制造技术；
② 质量；
③ 国际竞争力；
④ 出口增长；
⑤ 市场信息；
⑥ 生产计划；
⑦ 产品设计；
⑧ 生产效率；
⑨ 员工技能；
⑩ 合资企业；
⑪ 技术许可；
⑫ 投资机会；
⑬ 工业发展和其他有关活动。

鉴于巴塞罗那进程的双边方面，欧盟与其地中海伙伴，包括巴勒斯坦权力机构、以色列、约旦、摩洛哥和突尼斯之间已经缔结了结盟协议。埃及也缔结了这样的协议，以便在未来 10 到 15 年内建立欧洲-地中海自由贸易区。

为了实现这些目标，埃及政府制定了一项产业升级政策。这项政策的重点是将私营部门作为增长的引擎，并特别关注中小型企业。埃及政府还致力于为出口导向型产业的发展创造一个有利的商业环境。

欧盟正在帮助埃及政府实现这些目标，提供 10 亿埃及镑的资助以支持工业现代化计划。这笔款项由埃及政府提供的1.06亿欧元和将由受益人提供的7400万欧元予以补充。这项4.3亿美元的倡议是有史以来适用于地中海南岸伙伴国私营工业部门的最大的当地和外国资助援助计划之一。对欧盟来说,这也是它在发展中国家资助过的最大的工业支持计划。

图5-7所示为埃及产业升级综合方案结构。

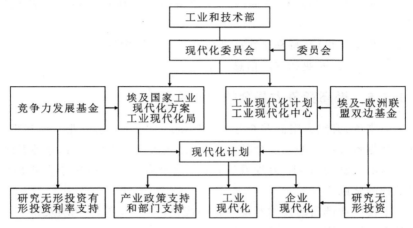

图5-7　埃及产业升级综合方案结构

5.5.4　埃及国家工业现代化计划

工业和技术部在联合国工发组织协助下制定的埃及国家工业现代化方案包括三个主要组成部分:企业升级、技术基础设施以及产业政策支持和部门支持。

1. 企业升级

①制定、促进和实施提升埃及工业企业的措施,以期通过职业培训和质量管理提高竞争力。

②升级工业现代化委员会国家方案的受益企业的诊断方案和业务计划。

③监测企业的升级方案。

2. 技术基础设施

①制定、促进和实施措施,提升埃及的技术基础设施。

②准备、制定和评估与技术中心有关的研究、诊断和方案。
③准备、发展和评估与技术管理和技术转让有关的研究和诊断。
④发展公共和私营企业的技术投资能力。

3. 产业政策支持和部门支持

①界定并重新制定行政部门以及监管、控制、质量分析和支持机构的作用。
②加强支持机构，特别是在标准化和质量认证领域。
③刺激经济、商业和技术信息的市场。

5.5.5 提高竞争力基金的财政资源

一般来说，升级方案涵盖企业及其环境。为 4 000 家企业升级和现代化的五年计划预算设定的初步金额约为 50 亿埃及镑。平均而言，企业升级/现代化所需的投资约为 417 万埃及镑，提高竞争力基金将向每个企业提供 90 万埃及镑的奖励。

为了使工业部门的技术基础设施现代化，大约需要 14 亿埃及镑。

基金资源将用于：

①基金的人员编制和融资费用；应该需要大约 15 名专业人员，以及大约 10 名负责计划援助和支持活动的人员。
②基金对企业升级和商业服务的贡献。

对企业的财政援助将以奖金的形式提供，奖金将随着升级进程的进展而支付。

基金授予的奖金可按以下方式分配：

①诊断研究和制订升级计划费用的 70%，但须有 100 000 埃及镑的资金。
②提高技术质量和管理的费用的 70%，最高为 30 万埃及镑。
③由自有资金资助的重组投资份额的 20%。
④首批 30% 的保费将在计划被批准后发放。
⑤剩余的保费将按以下方式发放：
(a) 购置后的设备分一次付款。
(b) 对剩余的活动按进度分两期付款。

工业现代化办公室的结构和职责如图 5-8 和图 5-9 所示。现代化委员会的职责如图 5-10 所示。升级过程概述如图 5-11 所示。

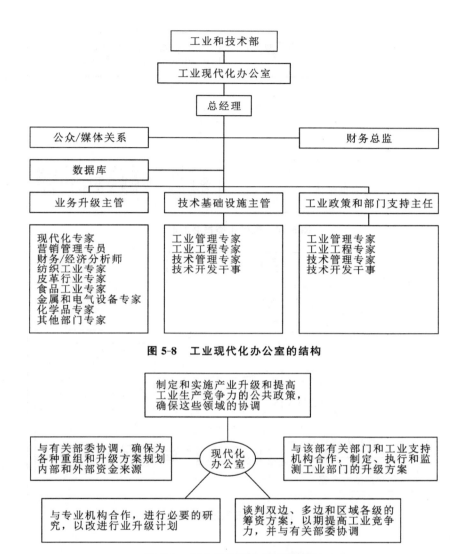

图 5-8　工业现代化办公室的结构

图 5-9　工业现代化办公室的职责

5.5.6　执行的影响

对方案实施的预期影响的评估表明：

①会提高生产价值。在实施的第一年，产量增长率将达到 8.07%，到五年计划结束时，累计增长率将达到计划实施前记录的产值的 34.5%。

②国内生产总值将增长。五年后，国内生产总值的累计增长率将达

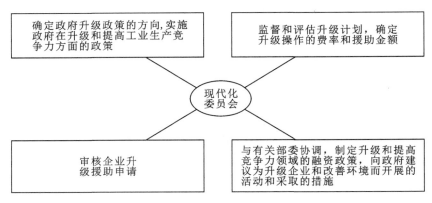

图 5-10 现代化委员会的职责

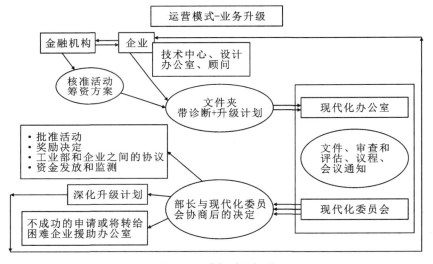

图 5-11 升级过程概述

到 34%。

③对于基金提供的 1 埃及镑,收益为:

(a)11 埃及镑的生产价值;

(b)4 埃及镑的国内生产总值。

④对于基金提供的 1 英镑,根据补贴利率(7%而不是 15%),回报率将是:

(a)8.7 埃及镑的生产价值;

(b)3.04 埃及镑的国内生产总值。

参考文献

[1] 蔡启明. 工业工程导论[M]. 北京:电子工业出版社,2015.

[2] 易树平. 基础工业工程[M]. 北京:机械工业出版社,2013.

[3] 姚立根. 工程导论[M]. 北京:电子工业出版社,2012.

[4] 刘洪伟. 基础工业工程[M]. 北京:化学工业出版社,2011.

[5] 罗振璧,朱立强. 工业工程导论[M]. 北京:机械工业出版社,2003.

[6] 汪应洛. 工业工程手册[M]. 沈阳:东北大学出版社,1999.

[7] 孙林岩,杨才君,张颖. 中国制造企业服务转型攻略[M]. 北京:清华大学出版社,2011.

[8] 孙林岩. 服务型制造[M]. 北京:清华大学出版社,2009.

[9] 蔺雷,吴贵生. 制造业发展与服务创新[M]. 北京:科学出版社,2008.

[10] 李士勇. 智能控制[M]. 哈尔滨:哈尔滨工业大学出版社,2011.

[11] 系(挪)劳沙德(Rausand,M.). 统可靠性理论[M]. 北京:国防工业出版社,2010.

[12] (美)埃贝灵(Ebeling,C.E.). 可靠性与维修性工程概论[M]. 北京:清华大学出版社,2010.

[13] 刘品,刘岚岚. 可靠性工程基础[M]. 北京:中国计量出版社,2009.

[14] 陈亮. 基于IE理论的A产品表面生产线平衡改善研究[D]. 成都:西华大学,2017.

[15] 鄢亚辉. 基于工业工程的汽车车灯装配过程的研究[D]. 太原:中北大学,2016.

[16] 李锋. 面向精益生产的手机装配生产线平衡优化[D]. 天津:天津工业大学,2016.

[17] 杨如意. N公司装配生产线布局研究[D]. 广州:华南理工大学,2013.

[18] 刘雪林. 工业工程原理在西服生产组织管理中的应用[D]. 苏州:苏州大学,2012.

[19] 汪凯. 基于精益生产的"一个流"和生产线平衡的研究[D]. 天津:天津大学,2007.

[20] 赵军锋.面向精益生产方式的企业组织结构创新及评价[D].西安:西安电子科技大学,2015.

[21] 孟丽丽,刘伟民,谢世满,赵会珍,张亚莉.新发展理念背景下工业工程专业建设规划研究[J].华北理工大学学报(社会科学版),2022(03).

[22] 马力,刘建宇,张帆,王奕娇,王吉权.工业工程专业教学改革研究热点及趋势分析[J].科技资讯,2021(02).

[23] 马金山,宋红娜,曾强.工业工程专业项目式实习模式的设计及实践[J].黑龙江教育(高教研究与评估),2021(04).

[24] 谢吾.地方本科院校应用型工业工程专业建设研究——以桂林航天工业学院为例[J].桂林航天工业学院学报,2021(02).

[25] 李俏,杨斌,黄永程,王鹏程.面向校外实习基地的工业工程专业实践教学体系构建[J].装备制造技术,2021(07).

[26] 于贵文,付斌,金向阳.基于项目教学法的工业工程专业人才创新能力培养模式初探[J].黑龙江教育(理论与实践),2021(10).

[27] 张和平,彭建欢,解晓龙.基于能力素质模型的工业工程专业创新型人才培养研究[J].教育现代化,2019(87).

[28] 方永美.基于能力导向的工业工程专业培养模式设计[J].现代农业,2019(12).

[29] 彭安华,刘成文,韩兆兴.提高工业工程专业人才培养质量的探索与实践[J].中国现代教育装备,2020(05).

[30] 张丽珍,姜波,陈成明,上官春霞,吕超.工业工程专业导论课教学初探——以上海海洋大学工业工程专业为例[J].信息系统工程,2020(01).

[31] 李从东,钟鸣莉,刘倩,屈挺,黄国全.新发展阶段的中国工业工程创新问题研究[J].机电工程技术,2021(03).

[32] 李小联.基于IE+AT+IT技术集成的企业智能制造转型升级之路[J].机电元件,2020(05).

[33] 郑阳平."智能+"在制造业转型升级中的应用综述[J].机床与液压,2020(11).

[34] 巫江,李小联,王东.某家电企业智能制造转型升级战略规划与实践[J].中小企业管理与科技(下旬刊),2020(05).

[35] 周子业,姜淑凤,高福生,王凤娟,朱玲,陈淑鑫."工业工程"技术发展促进现代企业创新发展的管理路径研究[J].时代农机,2020(01).

[36] 郑伟华.新常态下企业经营绩效的大分化:要素驱动还是全要素驱动?——基于"中国企业-员工匹配调查"的实证分析[J].宏观质量研究,2017(01).

[37] 杨海成.智能制造工程驱动工业创新发展[J].机器人产业,2016(05).

[38] 齐二石,陈君彦,刘亮.IE+IT:工业工程与信息化集成的企业增效管理创新模式[J].工程机械,2009(11).

[39] BernhardDachs,SabineBiege,MartinBorowiecki,GunterLay,DorisSchartinger. Servitisation of European manufacturing: evidence from a large scale database [J]. The Service Industries Journal,2014.

[40] FernandaH?nsch Beuren,Marcelo Gitirana Gomes Ferreira,PauloA,Cauchick Miguel. Product-service systems: a literature review on integrated products and services[J]. Journal of Cleaner Production,2013.

[41] TaijaTurunen,MaxFinne. The organisational environment's impact on the servitization of manufacturers[J]. European Management Journal,2013.

[42] PaoloGaiardelli,BarbaraResta,VeronicaMartinez,RobertoPinto,PavelAlbores. A classification model for product-service offerings[J]. Journal of Cleaner Production,2013.

[43] MarcoPaiola,NicolaSaccani,MarcoPerona,HeikoGebauer. Moving from products to solutions: Strategic approaches for developing capabilities [J]. European Management Journal,2013.

[44] H. M. Belal,KunioShirahada,MichitakaKosaka. Value Co-creation with Customer through Recursive Approach Based on Japanese Omotenashi Service[J]. International Journal of Business Administration,2013.

[45] TimBaines,HowardLightfoot,PalieSmart,SarahFletcher. Servitization of manufacture-Exploring the deployment and skills of people critical to the delivery of advanced services[J]. Journal of Manufacturing Technology Management,2013.

[46] H. M. Belal,KunioShirahada,MichitakaKosaka. Knowledge Space Concept and Its Application for Servitizing Manufacturing Industry[J]. Journal of

Service Science and Management,2012.

[47] TeemuLaine,JariParanko,PetriSuomala. Management accounting roles in supporting servitisation[J]. Managing Service Quality,2012.

[48] HeikoGebauer,AndersGustafsson,LarsWitell. Competitive advantage through service differentiation by manufacturing companies[J]. Journal of Business Research,2011.

[49] Sirorat P,Krisanarach N,Kanchana S. A Gap Study between Employers' Expectations in Thailand and Current Competence of Master's Degree Students in Industrial Engineering under Industry 4.0[J]. Production Engineering Archives,2021,27(1).

[50] Burnaev E V. Algorithmic Foundations of Predictive Analytics in Industrial Engineering Design[J]. Journal of Communications Technology and Electronics,2019,64(12).

[51] Esra S,Yeliz B S,Attila I A. Analysis of Industrial Engineering Education and Industry 4.0 Relationship with ESOGU Industrial Engineering Students Perspective[J]. Uluslararas Muhendislik Arastirma Ve Gelistirme Dergisi,2020.

[52] Chan H J,Hung S M,Chen C K,et al. Application of Industrial Engineering Management in Enterprise Production Organization[J]. Basic & Clinical Pharmacology & Toxicology,2020.

[53] S.B,M.S E,W.T. Capabilities,capacities,and functionalities of resources in industrial engineering[J]. CEUR Workshop Proceedings,2021.

[54] Tommi P,Hannele L,Kirsi A,et al. Challenges for implementing collaborative practices in industrial engineering projects[J]. Project Leadership and Society,2021.

[55] Knapcikova L,Perakovic D. Challenges of Industrial Engineering, Management and ICT[J]. Wireless Networks,2021(prepublish).

[56] Chen W,Zhang Y,Zhang J,et al. Consolidation effect of composite materials on earthen sites[J]. Construction and Building Materials,2018.

[57] Meilani,Ken S. Construction management risk and digital technology: lens of civil engineering,industrial engineering and architecture of eco waste

water treatment construction [J]. IOP Conference Series: Earth and Environmental Science, 2021, 794(1).

[58] Frena F, Ossa S, Yani S, et al. Developing Statistical Reasoning Ability of Industrial Engineering Students Through Experiential Learning[J]. Journal of Physics: Conference Series, 2019.

[59] Geetha. Editorial Highlights for Industrial Engineering and Management (IEM)[J]. Industrial Engineering & Management, 2020, 9(3).

[60] Chen W, Dai P, Yuan P, et al. Effect of inorganic silicate consolidation on the mechanical and durability performance of sandstone used in historical sites[J]. Construction and Building Materials, 2016, 121.

[61] Zhang Q, Chen W, Yuan P. Experimental study on impregnation and consolidation effects of modified polyvinyl alcohol solution for coarse-grained soils: a case study on the Subashi Buddhist Temple Ruins of China [J]. Bulletin of Engineering Geology and the Environment: The Official Journal of the IAEG, 2020, 79(12).

[62] Dongre A, Bhange A, Dhamdhere A, et al. Improving Productivity in the Manufacturing Industry by using Industrial Engineering Tools and Techniques [J]. International Journal of Management and Humanities (IJMH), 2020, 4(10).

[63] Rao K V S S, Rathod A. Industrial Engineering 4.0-Computer Aided Industrial Engineering: Work Systems Analysis in Industry 4.0[J]. IIE Annual Conference Proceedings, 2021.

[64] Yin T H. Industrial Engineering and its Sciences[J]. Journal of Material Sciences & Engineering, 2021, 10(7).

[65] Bartlomiej G. Industrial engineering education-challenging complexity by simple means[J]. Management and Production Engineering Review, 2019, 10(3).

[66] Buczacki A, Gadysz B, Timler D. Industrial Engineering for Healthcare Management-Example Lean Management and ICT Tools [J]. Studies in Logic, Grammar and Rhetoric, 2019, 60(1).

[67] Amaba B, Cohen P, Kessentini M, et al. Industry 4.0. and Artificial

[68] V M, R G, A B, et al. Integrating BIM in Industrial Engineering programs. A new strategy model[J]. IOP Conference Series: Materials Science and Engineering,2021,1193(1).

[69] Mula J,Bogataj M. OR in the industrial engineering of Industry 4.0: experiences from the Iberian Peninsula mirrored in CJOR[J]. Central European Journal of Operations Research,2021(prepublish).

[70] I L R R,Patricia R D,Y H V F. Project-based learning,an experience in the industrial practices of the Industrial Engineering Programme of the UFPS[J]. Bistua Revista De La Facultad De Ciencias Basicas, 2019,17(3).

[71] Zhang Q,Chen W,Protecting earthen sites by soil hydrophobicity under freeze – thaw and dry-wet cycles[J]. Fan W. Construction and Building Materials,2020.

[72] Special issue. Industrial Engineering,Business Management and Information Systems[J]. Industrial Engineeering & Management Systems,2019,18(3).

[73] Zhang Q,Chen W,Fan W,et al. The effect of polyvinyl alcohol solution with a high degree of alcoholysis on the expansion and cracking behaviour of quicklime-treated soil in earthen sites[J]. Bulletin of Engineering Geology and the Environment,2021(prepublish).

[74] Nugroho S K E,Roni S T. The New Normal and Sustainability Perspectives on Industrial Engineering and Professional Engineering[J]. IOP Conference Series: Earth and Environmental Science,2021,794(1).

[75] Sutopo W. The Roles of Industrial Engineering Education for Promoting Innovations and Technology Commercialization in the Digital Era[J]. IOP Conference Series: Materials Science and Engineering,2019,495(1).